기초 한국어
대화

저자 (및 번역)

조영미 趙英美

現) 대만원자오외국어대학교(文藻外語大學) 조교수
가톨릭대학교 한국어교육학과 박사
미국 콘코디아 언어마을(Concordia Language Villages)의 한국어마을,
캐나다 University of British Columbia의 동아시아학과,
한국외국어대학교, 가톨릭대학교에서 한국어 강의

강숙운 江淑雲 (중국어 번역)
원자오대학교 일본어과 재학 중

기초 한국어 대화

초 판 인쇄 2018년 8월 24일
초 판 발행 2018년 8월 30일

지 은 이 조영미
번　　　역 강숙운(江淑雲)
녹　　　음 조영미 · 이현우
펴 낸 이 박찬익
편 집 장 황인옥

펴 낸 곳 (주)**박이정**
주　　　소 서울시 동대문구 천호대로 16가길 4
전　　　화 (02)922-1192~3
팩　　　스 (02)928-4683
홈 페 이 지 www.pjbook.com
이 메 일 pijbook@naver.com
등　　　록 2014년 8월 22일 제 305-2014-000028호
ISBN 979-11-5848-390-6 (13710)

* 책값은 뒤표지에 있습니다.
* 듣기 mp3 파일제공 : www.pjbook.com

기초 한국어 대화

It is simple!

조영미 지음

基礎韓文會話
基础韩文会话

(주)박이정

한국 사람과 대화하고 싶어요?

그럼 지금부터 시작해 보세요.

기본 대화만 알아도 여러분은 한국인과 대화할 수 있습니다.

본 교재 〈기초 한국어 대화〉는 한국어 초급 수준 학습자들도 한국인과 대화를 할 수 있도록 이끌어줍니다. 제작 원리는 다음과 같습니다.

첫째, 한국어와 중국어를 병기해서 중국어권 화자들이 교재의 내용을 쉽게 이해할 수 있습니다.

둘째, 한국어의 자음과 모음 기본만 아는 학습자들도 쉽게 한국어 대화를 시도할 수 있습니다.

셋째, 단어와 대화 부분은 녹음 파일로도 저장되어 있어 학습자들이 각자 발음을 연습할 수 있습니다.

넷째, 학습자들은 문법 이해-연습-활용 과정을 통해 한국어의 기초 능력을 다질 수 있습니다.

다섯째, 한국 일상 문화를 이해함으로써 한국인과 적절하게 대화하는 발판을 마련할 수 있습니다.

〈기초 한국어 대화〉를 통해 여러분이 보다 쉽고 편하게 한국인과 대화할 수 있기를 바랍니다.

2018년 6월

저자 조영미

想和韓國人對話嗎?

那麼,就從現在開始吧。

就算各位只有學習基礎的會話,也能夠與韓國人對談。

本<基礎韓文會話>教材將引導初級韓文學習者與韓國人對話。撰書原則如下。

一、透過韓文與中文共同編輯,使中文圈的學習者輕鬆了解教材內容

二、僅學會韓文子母音的學習者也能輕鬆嘗試韓文對話

三、單字及對話部份皆附有音檔,使學習者能自己練習發音

四、學習者將透過「文法理解−練習−活用」的過程中,建立基礎韓文的能力

五、透過了解韓國日常文化,奠定一個能夠與韓國人進行適當溝通的基礎

希望各位能透過<基礎韓文會話>簡單且輕鬆的學會與韓國人交談。

2018年6月

作者 趙英美

독자 여러분들의 한국어 학습 동기는 무엇일까요?

K-POP! 네, 맞습니다. 대다수의 한국어 학습자들의 한국어 학습 동기는 K-POP이 아닐까 싶네요. 한국어를 배우는 시간이 길어질수록 저는 한국이라는 나라의 매력에 깊이 빠지게 되었습니다. 특히 문화, 풍속, 정서 등에 대해 더 깊이 이해하게 되었지요.

조영미 선생님은 한국어 교육 경력이 풍부한 분이십니다. 그러한 까닭에 외국인들이 한국어를 배울 때 어려워하는 부분을 세심하게 짚어 주시지요. 독자 여러분들이 이 책으로 한국어를 배운다면 한국어 실력이 점점 좋아질 거라 믿습니다. 또한 한국인들과의 대화가 더 이상 어려운 일이 되지도 않을 것이고요.

그 밖에도, 이 책의 가장 큰 특징은 〈한국에서는 이렇게 해요〉 부분이 아닐까 합니다. 조영미 선생님의 오랜 한국어 교육 경험을 통해 알아 낸 내용으로, 학습자들이 한국인들과 의사소통할 때 오해의 소지가 있는 부분이나 한국 특유의 문화를 소개한 부분이거든요. 이를 통해 여러분은 이문화 배경 지식을 가지고 한국인들과 보다 수월하게 의사소통할 수 있을 것입니다.

여러분이 한국어를 배우는 여정에 즐거움이 가득하길 바랄게요!

2018년 6월
번역자 강숙운

各位讀者，你學習韓文的動機是什麼呢？

K-POP！這是我的答案。我相信有絕大多數的人是與我相同的。但隨著學習的時間越來越長，我發現自己深深地被「韓國」這個國家的魅力所吸引。它特有的文化，風俗民情等等都使我想要更深入了解。

趙英美老師是一位擁有非常豐富的韓文教學經驗的教育家，因此她知道外國人學習韓文時的困難點在哪裡，哪些部分需要花費更多心思。我相信各位讀者只要跟隨著本書的腳步，使用韓文與韓國人對話一定不是一件難事。

另外，我認為本書最大的特色在於，每一課都有〈한국에서는 이렇게 해요. 在韓國，這樣做。〉的部分。這些是趙英美老師從長年教學經驗中，整理出溝通時較容易引起誤會的地方、或韓國特有的文化，讓大家在學習韓文的同時也能夠具備異文化溝通時的背景知識。

祝福大家有個愉快的韓文學習之旅！

2018年6月

譯者 江淑雲

목표(目標)

각 과의 학습 목표가 되는 문법을 확인한다.
確認能達成各課學習目標的文法

문법(文法) & 연습(練習)

각 과의 학습 문법을 하나씩 점검한 뒤, 학습자들이 연습 문제를 통해 문법을 이해한다.
先確認各課學習文法後，學習者透過練習題目來了解文法

대화(對話)

각 과의 목표 문법을 포함한 두 사람의 대화 내용이다.
涵蓋各課主要文法內容的雙人對話

대화 연습(對話練習)

학습자들은 〈대화〉 부분에서 연습한 내용을 토대로 각자 단어를 변환해 새로운 대화를 연습한다.
學習者們以「對話」部分所練習的內容為基礎，替換各個單字進行新的對話練習

문장을 쓰세요(寫寫看)

학습자들은 한국어 띄어쓰기 원칙에 따라 문장 쓰기를 연습한다.
學習者遵照韓文的分寫法來練習書寫句子

연습해 보세요(小試身手)

학습자들은 각 과에서 배운 목표 문법을 다시 한 번 연습한다.
學習者能藉此再次練習各課所學的主要文法

한국에서는 이렇게 해요. (在韓國，這樣做。)

한국의 일상문화 이해를 통해, 그에 알맞게 한국 사람과 대화할 수 있는 발판을 마련한다.
透過了解韓國的日常文化，提供一個與韓國人進行對話的平台

목차
目次(錄)

1 **기본 단어** 基礎單字

수업(課堂)

선생님 老師	학생 學生	친구 朋友	이름 名字
쓰세요 請寫	준비 準備	시작 開始	끝 結束

문법(文法)

받침 終聲	동사 動詞	형용사 形容詞	명사 名詞
조사 助詞	단어 單字	문장 句子	

2 숫자 數字

在韓文中，數字可分為韓文發音系統及漢字發音系統兩種讀法。

	한국어(韓文)	한자(漢字)	시간(時間)	나이(年齡)
0	공	영	영 시	
1	하나	일	한 시	한 살
2	둘	이	두 시	두 살
3	셋	삼	세 시	세 살
4	넷	사	네 시	네 살
5	다섯	오	다섯 시	다섯 살
6	여섯	육	여섯 시	여섯 살
7	일곱	칠	일곱 시	일곱 살
8	여덟	팔	여덟 시	여덟 살
9	아홉	구	아홉 시	아홉 살
10	열	십	열 시	열 살
11	열하나	십일	열한 시	열한 살
12	열둘	십이	열두 시	열두 살
13	열셋	십삼		열세 살
14	열넷	십사		열네 살
15	열다섯	십오		열다섯 살
16	열여섯	십육		열여섯 살
17	열일곱	십칠		열일곱 살
18	열여덟	십팔		열여덟 살
19	열아홉	십구		열아홉 살
20	스물	이십		스무 살
30	서른	삼십		서른 살
40	마흔	사십		마흔 살
50	쉰	오십		쉰 살
60	예순	육십		예순 살
70	일흔	칠십		일흔 살
80	여든	팔십		여든 살
90	아흔	구십		아흔 살

※ 백(100), 천(1,000), 만(10,000)

제1과 第一課

저는 한국 사람이에요.
我是韓國人。

목표(目標)

1. [명사(名詞)]예요/이에요 : (我) 是 [名詞]。
2. 자기 소개 : 自我介紹

문법(文法) 1 & 연습(練習) 1 : 인사(打招呼)

가: 안녕하세요? 저는 민수예요.	가: 你好, 我是民修。
나: 안녕하세요? 저는 이링이에요.	나: 你好, 我是怡玲。

〔1〕 若名字沒有終聲的話, 接續 '–예요'; 有終聲的話, 接續 '–이에요'。

〔2〕 韓文書寫: 對韓文而言, 分寫法 （又稱隔寫法） 就是文法。因此, 必須要小心。基本上, 助詞後面要空格(<例> 저는 민수예요). ; 名詞與名詞之間也要空格(<例> 한국 사람) ; 語尾則連著一起寫(<例> 민수예요).

1 (민수, 이링)
　가: 안녕하세요? 저는 민수 (예요).
　나: 안녕하세요? 저는 이링 (이에요).

2 (수지, 지은)
　가: 안녕하세요? 저는 수지 (　　　　　　　　　　　　　).
　나: 안녕하세요? 저는 지은 (　　　　　　　　　　　　　).

3 (우영, 은호)
　가: 안녕하세요? 저는 우영 (　　　　　　　　　　　　　).
　나: 안녕하세요? 저는 은호 (　　　　　　　　　　　　　).

단어(單字)

1	한국 사람	韓國人
2	대만 사람	台灣人
3	일본 사람	日本人
4	미국 사람	美國人
5	베트남 사람	越南人

1 한국 사람

　　가: 한국 사람이에요?　　　　　　나: 네, 한국 사람이에요.

2 대만 사람

　　가: 대만 사람이에요?　　　　　　나: 네, ＿＿＿＿＿＿＿＿＿＿＿

3 일본 사람

　　가: ＿＿＿＿＿＿＿＿＿＿＿　　나: 네, ＿＿＿＿＿＿＿＿＿＿＿

4 미국 사람

　　가: ＿＿＿＿＿＿＿＿＿＿＿　　나: 네, ＿＿＿＿＿＿＿＿＿＿＿

5 베트남 사람

　　가: ＿＿＿＿＿＿＿＿＿＿＿　　나: 네, ＿＿＿＿＿＿＿＿＿＿＿

대화(對話)

1 민수: 안녕하세요? 저는 민수예요.	1 民修: 你好，我是民修。
2 이링: 안녕하세요? 저는 이링이에요.	2 怡玲: 你好，我是怡玲。
3 민수: 반갑습니다.	3 民修: 很高興見到你。
4 이링: 반갑습니다. 한국 사람이에요?	4 怡玲: 很高興見到你。(你)是韓國人嗎?
5 민수: 네, 한국 사람이에요. 한국 사람이에요?	5 民修: 是的，(我)是韓國人。(你)是韓國人嗎?
6 이링: 아니요, 대만 사람이에요.	6 怡玲: 不是，(我)是台灣人。

〈**발음 주의** 發音注意〉

반갑습니다 [반갑씀니다]   사람이에요 [사라미에요]

[1] 試著用中文和韓文寫下你的名字吧。

예(例) 강숙운 江淑雲

[2] 試著用韓文寫下韓國朋友的名字吧。

예(例) 조영미 趙英美

[3] 如下方所示，請試著向韓國朋友自我介紹吧。

請用 ⬭ 在예요/이에요、이/가中圈出適當的答案。

1 민수: 안녕하세요? 　　　 저는 (민수)예요 / 이에요.	1 가: 안녕하세요? 　　 저는 (　　)예요 / 이에요.
2 이링: 안녕하세요? 　　　 저는 (이링)예요/이에요.	2 나: 안녕하세요? 　　 저는 (　　)예요/이에요.
3 민수: 반갑습니다.	3 가: 반갑습니다.
4 이링: 반갑습니다. 한국 사람이에요?	4 나: 반갑습니다. 한국 사람이에요?
5 민수: 네, 한국 사람이에요. 　　　 한국 사람이에요?	5 가: 네, 한국 사람이에요. 　　 한국 사람이에요?
6 이링: 아니요, (대만) 사람이에요.	6 나: 아니요, (　　　) 사람이에요.

문장을 쓰세요(寫寫看)

注意分寫法，並抄寫下列三個句子。

注意! 韓文文章開頭第一行只需要空一格。

	안	녕	하	세	요	?	저	는		민	수	예	요	.	
	안	녕	하	세	요	?	저	는		민	수	예	요	.	
	반	갑	습	니	다	.	한	국		사	람	이	에	요	?
	반	갑	습	니	다	.	한	국		사	람	이	에	요	?
	네	,	한	국		사	람	이	에	요	.				
	네	,	한	국		사	람	이	에	요	.				

請寫下自己喜歡的藝人的名字，並成為那個人介紹自己。

예(例) 강다니엘 姜丹尼爾, 이민호 李敏鎬

안녕하세요? 저는 강다니엘이에요. 你好，我是姜丹尼爾。

안녕하세요? 저는 이민호예요. 你好，我是李敏鎬。

與韓國人打招呼時，必須要鞠躬。尤其是向長輩打招呼時，一定得鞠躬才行。只有打招呼對象是朋友時，才可以揮手，或是握手。

유용한 단어 常用單字

인사 打招呼   머리 頭   손 手   악수 握手

제2과
第二課

뭐예요?
(這)是什麼?

목표(目標)
1. [명사(名詞)]예요/이에요. : (這)是[名詞]。
2. [명사(名詞)] 주세요. : 請給我[名詞]。

문법(文法) 1 & 연습(練習) 1 : 사물 이름 묻기(詢問事物名稱)

가: 뭐예요?
나: [명사]예요/이에요.

가: (這)是什麼?
나: (這)是[名詞]。

가: 뭐예요?
나: 모자예요.

가: (這)是什麼?
나: (這)是帽子。

가: 뭐예요?
나: 컵이에요.

가: (這)是什麼?
나: (這)是杯子。

track 04

1	물통	水壺
2	필통	鉛筆盒
3	펜	筆
4	휴대폰	手機
5	지우개	橡皮擦
6	휴지	衛生紙
7	가방	包包
8	종이	紙

1 가: 뭐예요?　　　　　　　　　나: 물통이에요.

2 가: 뭐예요?　　　　　　　　　나: _____

3 가: _____　나: 펜 _____

4 가: _____　나: _____

5 가: _____　나: _____

6 가: _____　나: _____

7 가: _____　나: _____

8 가: _____　나: _____

문법(文法) 2 & 연습(練習) 2 : 주세요 (請給我)

단어(單字)

1	물통	水壺
2	필통	鉛筆盒
3	펜	筆
4	휴대폰	手機
5	지우개	橡皮擦
6	휴지	衛生紙
7	가방	包包
8	종이	紙

1 가: 물통 주세요.   나: 네, 여기 있어요.   가: 감사합니다.

2 가:_____주세요. 나: 네, 여기 있어요.   가: 감사합니다.

3 가:_____주세요. 나: 네, 여기 있어요.   가: _____

4 가: _____주세요. 나:_____ 가: _____

5 가:_____ 나: _____ 가: _____

6 가:_____ 나: _____ 가: _____

7 가:_____ 나: _____ 가: _____

8 가:_____ 나: _____ 가: _____

대화(對話)

track 05

1 민수: 뭐예요?	1 民修: (這)是什麼?
2 이링: 지우개예요.	2 怡玲: (這)是橡皮擦。
3 민수: 네?	3 民修: 是(什麼)?
4 이링: 지우개예요.	4 怡玲: 是橡皮擦。
5 민수: 지우개 주세요.	5 民修: 請給我橡皮擦。
6 이링: 네, 여기 있어요.	6 怡玲: 好,在這裡。
7 민수: 감사합니다.	7 民修: 謝謝。

track 06

〈**발음 주의** 發音注意〉
감사합니다[감사함니다]

대화 연습(對話練習)

將下列單字輪流填入（　）中，對話看看。並用◯在예요/이에요中圈出適當的答案。

1 물통　　2 필통　　3 펜　　4 휴대폰　　5 지우개　　6 휴지　　7 가방　　8 종이

1 민수: 뭐예요?	1 민수: 뭐예요?
2 이링: (지우개)예요 / 이에요.	2 이링: (　　　)예요. / 이에요.
3 민수: 네?	3 민수: 네?
4 이링: (지우개)예요./ 이에요	4 이링: (　　　)예요./ 이에요
5 민수: (　　　) 주세요.	5 민수: (　　　) 주세요.
6 이링: 네, 여기 있어요.	6 이링: 네, 여기 있어요.
7 민수: 감사합니다.	7 민수: 감사합니다.

注意分寫法，並抄寫下列三個句子。

	지	우	개	예	요	.			
	지	우	개	예	요	.			
	지	우	개		주	세	요	.	
	지	우	개		주	세	요	.	
	네	,	여	기		있	어	요	.
	네	,	여	기		있	어	요	.

看圖寫寫看 – 請依圖片寫下物品的名稱。

1		모자	모자예요.
2		버스	
3		바나나	
4		카드	
5		포도	
6		눈	
7		손	
8		발	

1 「감사합니다(謝謝)」。 接下來，在中文裡就沒有適當的相對應回答表現。韓國
  人不常用「천만에요 （不客氣)」。只需要回答 「아니에요(沒有啦)」的程度就
  行了。

2 中文的「什麼?」和韓文的「뭐? （什麼?)」語感不同。因此，使用時必須小心。
  詢問事物名稱時，有禮貌的向對方提問「뭐예요?(這)是什麼?」。當不太理解對
  方所說的話時，可以用「네? 是(什麼)?」來詢問。

3 遞東西給長輩時，必須用雙手傳遞；拿東西時，也必須用雙手拿。

제3과
第三課

지우개가 있어요.
(我) 有橡皮擦。

목표(目標)

1. [명사(名詞)]이/가 아니에요. : (這)不是[名詞]。
2. [명사(名詞)]이/가 있어요/없어요. : (我)有/沒有[名詞]。

문법(文法) 1 & 연습(練習) 1 : [名詞]이/가 아니에요(這)不是[名詞]

[名詞] 有終聲的話，接續 'OI'；沒有終聲的話，接續 '가'。

지우개가 아니에요.	(這)不是橡皮擦。
펜이 아니에요.	(這)不是筆。

track 07

1	지우개	橡皮擦
2	펜	筆
3	지갑	錢包
4	필통	鉛筆盒
5	우산	雨傘
6	양산	陽傘
7	남자 친구 / 여자 친구	男朋友 / 女朋友
8	반 친구	同學

1 (지우개, 펜) 가: 지우개예요?　　　　나: 아니요, 지우개가 아니에요. 펜이에요.

2 (펜, 지우개) 가: 펜이에요?　　　　나: 아니요, 펜 _____. 지우개예요.

3 (지갑, 필통) 가: 지갑이에요?　　　　나: 아니요, _____, _____.

4 (필통, 지갑) 가: _____　　　　나: 아니요, _____, _____.

5 (우산, 양산) 가: _____　　　　나: _____. _____.

6 (양산, 우산) 가: _____　　　　나: _____. _____.

7 (남자 친구, 반 친구)

　　가: _____　　　　나: _____. _____.

8 (반 친구, 남자 친구)

　　가: _____　　　　나: _____. _____.

(我)有/沒有[名詞]。[名詞]有終聲的話，接續'이'；沒有終聲的話，接續'가'。

1	지우개	橡皮擦
2	펜	筆
3	지갑	錢包
4	필통	鉛筆盒
5	우산	雨傘
6	양산	陽傘
7	남자 친구 / 여자 친구	男朋友 / 女朋友
8	반 친구	同學

1 가: 지우개가 있어요?   나: 네, 지우개가 있어요.

2 가: 펜_____   나: 아니요, _____

3 가: 지갑_____   나: 네, _____

4 가: _____   나: 아니요, _____

5 가: _____   나: 네, _____

6 가: _____   나: 아니요, _____

7 가: _____   나: 아니요, _____

8 가: _____   나: 네, _____

대화(對話)

1	민수: 지우개예요?	1	民修:	(這)是橡皮擦嗎?
2	이링: 아니요, 지우개가 아니에요. 펜이에요.	2	怡玲:	不是,(這)不是橡皮擦。 是筆。
3	민수: 그래요? 그럼, 지우개가 있어요?	3	民修:	是嗎? 那麼,(你)有橡皮擦嗎?
4	이링: 네, 지우개가 있어요.	4	怡玲:	有,(我)有橡皮擦。
5	민수: 그리고 필통이 있어요?	5	民修:	還有,(你)有鉛筆盒嗎?
6	이링: 아니요, 필통이 없어요.	6	怡玲:	沒有,(我)沒有鉛筆盒。

〈**발음 주의** 發音注意〉

있어요[이써요]   없어요[업써요]

將下列單字輪流填入(　　　)中，對話看看。並用 ◯ 在예요/이에요，이/가中圈出適當的答案。

1 지우개　　2 펜　　3 지갑　　4 필통　　5 우산
6 양산　　7 남자 친구/여자 친구　　8 반 친구

---

1 민수: (지우개) 예요/이에요?

2 이링: 아니요, (지우개)이/가 아니에요.
　　　　(펜)예요/이에요.

3 민수: 그래요?
　　　　그럼, (지우개)이/가 있어요?

4 이링: 네, (지우개)이/가 있어요.

5 민수: 그리고 (필통)이/가 있어요?

6 이링: 아니요, (필통)이/가 없어요.

---

1 민수: (　　　)예요/이에요?

2 이링: 아니요, (　　　)이/가 아니에요.
　　　　(　　　)예요/이에요.

3 민수: 그래요?
　　　　그럼, (　　　)이/가 있어요?

4 이링: 네, (　　　)이/가 있어요.

5 민수: 그리고 (　　　)이/가 있어요?

6 이링: 아니요, (　　　)이/가 없어요.

문장을 쓰세요(寫寫看)

注意分寫法，並抄寫下列三個句子。

	지	우	개	예	요	?							
	지	우	개	예	요	?							
	아	니	요	,	지	우	개	가		아	니	에	요	.
	아	니	요	,	지	우	개	가		아	니	에	요	.
	그	리	고		필	통	이		있	어	요	?	
	그	리	고		필	통	이		있	어	요	?	

연습해 보세요(小試身手)

照樣造句—請依照範例造一句 예요/ 이에요 和一句 이/가 있어요 的句子。

1	지우개	지우개예요. 지우개가 있어요.
2	펜	
3	지갑	
4	필통	
5	우산	
6	양산	
7	친구	
8	한국 돈	

● **단어:** 한국 돈 韓幣

한국에서는 이렇게 해요(在韓國，這樣做。)

1 「응」在韓文中也同樣是「네(是)」的意思。但是，「응」不可以對比自己年紀 大的人說。「응」是朋友間、年紀較小或親近的人之間使用的半語。

2 「네」：在韓文中，用「네」就可以了。是Yes的意思。

「네?」：沒有聽懂對方的話時，也能用「네?」來回答。

3 韓文與中文不同，只要是Yes的意思時，都會使用「네」，並不像中文「有」、 「是」、「好」、「對」這樣子交換著使用的情況並不常見。

例: 네, 여기 있어요.　好，在這裡。

네, 지우개가 있어요.　有，(我)有橡皮擦。

네, 한국 사람이에요.　是的，(我)是韓國人。

제4과
第四課

교실에 선풍기가 있어요.
電風扇(有)在教室。

목표(目標) 1. [장소(場所)]예요/이에요. : (這)是[場所]。
2. [장소(場所)]에 [물건(物品)]이/가 있어요/없어요. : [物品](有)在/ 不在[場所]。

문법(文法)1 & 연습(練習) 1 - 장소(場所) -예요/이에요(這)是[場所]

단어(單字)

track 10

1	학교	學校
2	교실	教室
3	화장실	廁所
4	백화점	百貨公司
5	식당	餐廳
6	극장	電影院
7	기숙사	宿舍
8	커피숍	咖啡廳

1 학교

가: 학교예요? 나: 네, 학교예요.

2 교실

가: 교실이에요? 나: 네, _____

3 화장실

가: 화장실이에요? 나: 네, _____

4 백화점

가: 백화점이에요? 나: 네, _____

5 식당

가: 식당이에요? 나: 네, _____

6 극장

가: 극장이에요? 나: 네, _____

7 기숙사

가: 기숙사예요? 나: 네, _____

8 커피숍

가: 커피숍이에요? 나: 네, _____

[장소(場所)]에 [물건(物品)]이/가 있어요/없어요. [物品](有)在/ 不在[場所]

선풍기	電風扇	에어컨	冷氣
선풍기예요.	(這)是電風扇。	에어컨이에요.	(這)是冷氣。
선풍기가 있어요.	(我)有電風扇。	에어컨이 있어요.	(我)有冷氣。
교실에 선풍기가 있어요.	電風扇(有)在教室。	교실에 에어컨이 있어요.	冷氣(有)在教室。

단어(單字)

1	선풍기	電風扇
2	에어컨	冷氣
3	쓰레기통	垃圾桶
4	책상	桌子
5	의자	椅子
6	칠판	黑板
7	지우개	橡皮擦
8	정수기	飲水機

1 선풍기

    가: 교실에 선풍기가 있어요?   나: 네, 교실에 선풍기가 있어요.

2 에어컨

    가: 교실에 에어컨이 있어요?   나: 아니요, _____

3 쓰레기통

    가: 교실에 쓰레기통이 있어요? 나: 아니요, _____

4 책상

    가: 교실에 책상이 있어요?   나: 네, _____

5 의자

    가: 교실에 의자가 있어요?   나: 네, _____

6 칠판

    가: 교실에 칠판이 있어요?   나: 네, _____

7 지우개

    가: 교실에 지우개가 있어요?   나: 네, _____

8 세계 지도

    가: 교실에 세계 지도가 있어요? 나: 네, _____

대화(對話)

 track 13

1	민수: 교실이에요?	1	民修: (這裡)是教室嗎?
2	이링: 네, 교실이에요.	2	怡玲: 是,(這裡)是教室。
3	민수: 교실에 선풍기가 있어요?	3	民修: 電風扇(有)在教室嗎?
4	이링: 네, 교실에 선풍기가 있어요.	4	怡玲: 有,電風扇(有)在教室。
5	민수: 교실에 쓰레기통이 있어요?	5	民修: 垃圾桶(有)在教室嗎?
6	이링: 아니요, 교실에 쓰레기통이 없어요.	6	怡玲: 沒有,垃圾桶不在教室。

 track 14

〈**발음 주의** 發音注意〉

교실[교실]　　교실이에요[교시리에요]　　교실에[교시레]

교실이에요? (위) ↗　　네, 교실이에요. (아래) ↘

提問時,語尾要上揚;回答時,語氣要下降。

대화 연습(對話練習)

請從下列表格中選擇一個場所、兩個物品的單字輪流填入(   )中，對話看看。
並用 ⬭ 在예요/이에요，이/가中圈出適當的答案。

[장소 場所]
1 교실　2 식당　3 학교　4 기숙사　5 극장

[물건 物品]
1 선풍기　2 물통　3 필통　4 펜　5 종이　6 가방　7 휴대폰　8 컴퓨터

1 민수: (교실)예요/**이에요**?	1 민수: (　　)예요/이에요?
2 이링: 네, (교실)예요/**이에요**.	2 이링: 네, (　　)예요/이에요.
3 이링: (교실)에 (선풍기)이/**가** 있어요?	3 이링: (　　)에 (　　)이/가 있어요?
4 민수: 네, (교실)에 (선풍기)이/**가** 있어요.	4 민수: 네, (　　)에 (　　)이/가 있어요.
5 이링: (교실)에 (쓰레기통)**이**/가 있어요?	5 이링: (　　)에 (　　)이/가 있어요?
6 민수: 아니요, (교실)에 (쓰레기통)**이**/가 없어요.	6 민수: 아니요, (　　)에 (　　)이/가 없어요.

문장을 쓰세요(寫寫看)

注意分寫法，並抄寫下列三個句子。

	네	,	교	실	이	에	요	.					
	네	,	교	실	이	에	요	.					
	교	실	에		선	풍	기	가		있	어	요	?
	교	실	에		선	풍	기	가		있	어	요	?
	네	,	교	실	에		선	풍	기	가		있	어	요	.
	네	,	교	실	에		선	풍	기	가		있	어	요	.

교실에 무엇이 있어요? 在教室有什麼呢?

1	선풍기	電風扇
2	물통	水壺
3	필통	鉛筆盒
4	펜	筆
5	종이	紙
6	가방	包包
7	휴대폰	手機
8	컴퓨터	電腦

1 가: 교실에 무엇이 있어요?　　나: (선풍기) 교실에 선풍기가 있어요.

2 가: 교실에 무엇이 있어요?　　나: (물통) 교실에 물통이 있어요.

3 가: 교실에 무엇이 있어요?　　나: (필통) _____

4 가: 교실에 무엇이 있어요?　　나: (펜) _____

5 가: 교실에 무엇이 있어요?　　나: (종이) _____

6 가: 교실에 무엇이 있어요?　　나: (가방) _____

7 가: 교실에 무엇이 있어요?　　나: (휴대폰) _____

8 가: 교실에 무엇이 있어요?　　나: (컴퓨터) _____

한국에서는 이렇게 해요(在韓國，這樣做。)

在韓國，每一間教室都有放置垃圾桶，國小、國中、高中都可以直接在教室進行垃圾分類。而且，在韓國垃圾必須丟在特定的地方，家庭的廚餘、一般垃圾也必須放入特定的垃圾袋才行，而這些垃圾袋可以在超市或便利商店購買。

은행 옆에 식당이 있어요.
餐廳(有)在銀行旁邊。

1. 어디예요? : (這裡) 是哪裡?
2. 방향 : [장소1] [방향(方向)]에 [장소2]이/가 있어요/없어요 :
   方向:[場所2] (有)在/不在[場所1]的[方向]。

문법(文法) 1 & 연습(練習) 1 : 어디예요? (這裡)是哪裡?

어디예요? (這裡) 是哪裡?
[장소 (場所)]예요/이에요. 是[場所]。

가: 어디예요? (這裡) 是哪裡?
나: 학교예요. / 교실이에요. (這裡) 是學校/(這裡) 是教室。

단어(單字)-장소 (場所)

1	은행	銀行
2	식당	餐廳
3	공원	公園
4	도서관	圖書館
5	가게	店
6	편의점	便利商店
7	공항	機場
8	주차장	停車場

1 은행

가: 어디예요?　　나: 은행이에요.

2 식당

가: 어디예요?　　나: _____

3 공원

가: 어디예요?　　나: _____

4 도서관

가: 어디예요?　　나: _____

5 가게

가: 어디예요?　　나: _____

6 편의점

가: 어디예요?　　나: _____

7 공항

가: 어디예요?　　나: _____

8 주차장

가: 어디예요?　　나: _____

가: [장소1(場所 1)] [방향(方向)]]에 [장소2(場所 2)]이/가 있어요?
나: 네, [장소1(場所1)] [방향(方向)]]에 [장소2(場所 2)]이/가 있어요.

《注意語順》

基準的名詞(場所 1) + 方向(前，後，等等)에 + 場所2 이/가 있어요.
학교(基準的名詞(場所 1)) + 옆(方向)에 + 은행(場所2)이 있어요.
= 場所2 이/가 基準的名詞(場所 1) + 方向(前，後，等等)에 있어요.
은행(場所2)이 학교(基準的名詞(場所 1)) + 옆(方向)에 있어요.

가: 학교 옆에 은행이 있어요?　　　　　銀行(有)在學校旁邊嗎?
나: 네, 학교 옆에 은행이 있어요.　　　　有，銀行(有)在學校旁邊。

OR

가: 은행이 학교 옆에 있어요?　　　　　銀行(有)在學校旁邊嗎?
나: 네, 은행이 학교 옆에 있어요.　　　　有，銀行(有)在學校旁邊。

단어(單字)-방향(方向)

track 16

옆 旁邊(오른쪽 右邊, 왼쪽 左邊)　앞 前面　뒤 後面　위 上面　아래 下面

1	은행	銀行
2	식당	餐廳
3	공원	公園
4	도서관	圖書館
5	가게	店
6	편의점	便利商店
7	공항	機場
8	주차장	停車場

1 은행 / 식당

　(1) 갸: 은행 옆에 식당이 있어요?　나: 네, 은행 옆에 식당이 있어요.

　(2) 갸: 식당이 은행 옆에 있어요?　나: 네, 식당이 은행 옆에 있어요.

2 식당 / 공원

　(1) 갸: 식당 옆에 공원이 있어요?　나: 네, 식당 옆에 _____

　(2) 갸: 공원이 식당 옆에 있어요?　나: 네, 공원이 식당 옆에 _____

3 공원 / 도서관

　(1) 갸: 공원 옆에 도서관이 있어요?　나: 네, _____

　(2) 갸: 도서관이 공원 옆에 있어요?　나: 네, _____

4 도서관 / 가게

    (1) 가: 도서관 뒤에 _____ ? 나: 네, _____

    (2) 가: 가게가 도서관 뒤에 _____ ? 나: 네, _____

5 가게 / 편의점

    (1) 가: 가게 뒤에 _____ ? 나: 네, _____

    (2) 가: 편의점이 _____ ? 나: 네, _____

6 편의점 / 공항

    (1) 가: 편의점 앞에 _____ ? 나: 네, _____

    (2) 가: 공항이 _____ ? 나: 네, _____

7 공항 / 주차장

    (1) 가: 공항 앞에 _____ ? 나: 네, _____

    (2) 가: 주차장이 _____ ? 나: 네, _____

8 주차장 / 은행

    (1) 가: 주차장 오른쪽에 _____ ? 나: 네, _____

    (2) 가: 은행이 _____ ? 나: 네, _____

대화(對話)

track 17

1	민수: 어디예요?	1	民修: (這裡)是哪裡?
2	이링: 은행이에요.	2	怡玲: (這裡)是銀行。
3	민수: 은행 옆에 식당이 있어요?	3	民修: 餐廳(有)在銀行旁邊嗎?
4	이링: 네, 은행 옆에 식당이 있어요.	4	怡玲: 有。餐廳(有)在銀行旁邊。
5	민수: 은행 뒤에 공원이 있어요?	5	民修: 公園(有)在銀行後面嗎?
6	이링: 아니요, 은행 뒤에 공원이 없어요.	6	怡玲: 沒有。公園不在銀行後面。

track 18

〈**발음 주의** 發音注意〉

은행[은행]   은행이에요[은행이에요]   옆[엽]   옆에[여페]
식당[식땅]   식당이[식땅이]

請從下列表格中選擇兩個場所、兩個位置的單字輪流填入（　　）中，對話看看。
並用〇在예요/이에요，이/가中圈出適當的答案。

[장소 場所]
1 은행　2 식당　3 공원　4 편의점　5 도서관

[위치 位置]
1 옆　2 앞　3 뒤　4 위　5 아래

1 민수: 어디예요?	1 민수: 어디예요?
2 이링: (은행)예요 / 이에요	2 이링: (　　)예요 / 이에요
3 민수: (은행) (옆)에 (식당) 이/가 있어요?	3 민수: (　　) (　　)에 (　　)이/가 있어요?
4 이링: 네, (은행) (옆)에 (식당)이/가 있어요.	4 이링: 네, (　　) (　　)에 (　　)이/가 있어요.
5 민수: (은행) (뒤)에 (공원)이/가 있어요?	5 민수: (　　) (　　)에 (　　)이/가 있어요?
6 이링: 아니요, (은행) (뒤)에 (공원)이/가 없어요.	6 이링: 아니요, (　　) (　　)에 (　　)이/가 없어요.

문장을 쓰세요(寫寫看)

注意分寫法，並抄寫下列三個句子。

	은	행	이	에	요	.						
	은	행	이	에	요	.						
	은	행		옆	에		식	당	이		있	어	요	.
	은	행		옆	에		식	당	이		있	어	요	.
	아	니	요	,	은	행		뒤	에		공	원	이
없	어	요	.									
	아	니	요	,	은	행		뒤	에		공	원	이
없	어	요	.									

看圖寫寫看—請依照圖片所示回答問題。

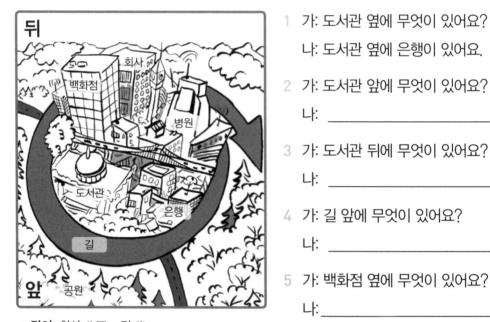

● **단어:** 회사 公司　길 路

1 가: 도서관 옆에 무엇이 있어요?
　나: 도서관 옆에 은행이 있어요.

2 가: 도서관 앞에 무엇이 있어요?
　나: ＿＿＿＿＿＿＿＿＿＿＿＿＿＿

3 가: 도서관 뒤에 무엇이 있어요?
　나: ＿＿＿＿＿＿＿＿＿＿＿＿＿＿

4 가: 길 앞에 무엇이 있어요?
　나: ＿＿＿＿＿＿＿＿＿＿＿＿＿＿

5 가: 백화점 옆에 무엇이 있어요?
　나: ＿＿＿＿＿＿＿＿＿＿＿＿＿＿

6 가: 백화점 뒤에 무엇이 있어요?
　나: ＿＿＿＿＿＿＿＿＿＿＿＿＿＿

한국에서는 이렇게 해요(在韓國，這樣做。)

在韓國的大學周邊有許多「식당(餐廳)」、「편의점(便利商店)」、「커피숍(咖啡廳)」等等。當然，這些校園內也有。另外，學校附近也會有「술집(酒吧)」、「노래방(KTV)」等等。雖然學校附近會有比其他地方便宜的店家，但由於最近大企業的連鎖店家越來越多，物價也逐漸上升，因此便宜的絕對不是這些地方。

제6과
第六課

저는 주스를 사요.
我(要)買果汁。

목표(目標)	1. [동사(動詞)] : −아/어요
	2. [조사(助詞)] : 을/를

문법(文法) 1 & 연습(練習) 1 : [동사(動詞)] -아/어요

為非格式體的終結語尾，也是韓國人說話時最常使用的語尾型態。

韓文動詞的原型為「가다」、「오다」、「먹다」，都是以「다」結尾。

刪去「다」後，所剩餘的部分「가」、「오」、「먹」，稱為語幹。在語幹後面加上「아요」或「어요」，接續方法如下。

1 母音「ㅏ」、「ㅗ」，後面接「아요」

    (1) 모음(母音) ㅏ

1	가다	走，去	가+아요	가요
2	자다	睡	자+아요	자요
3	사다	買	사+아요	사요
4	타다	搭乘	타+아요	타요
5	만나다	見面	만나+아요	만나요
6	닫다	關	닫+아요	닫아요
7	앉다	坐	앉+아요	앉아요

(2) 모음(母音) ㅗ

1	오다	來	오+아요	와요
2	보다	看	보+아요	봐요
3	놀다	玩	놀+아요	놀아요

2 하다 ➡ 해요

0	하다	做	해요
1	공부하다	讀書	공부해요
2	숙제하다	做功課	숙제해요
3	전화하다	打電話	전화해요
4	아르바이트하다	打工	아르바이트해요
5	이야기하다	聊天，說話	이야기해요
6	샤워하다	洗澡	샤워해요
7	운동하다	運動	운동해요
8	일하다	工作	일해요

3 「ㅏ」、「ㅗ」以外的其他母音，接「어요」。

track 22

1	먹다	吃	먹+어요	먹어요
2	읽다	讀	읽+어요	읽어요
3	열다	開	열+어요	열어요
4	마시다	喝	마시+어요	마셔요
5	가르치다	教	가르치+어요	가르쳐요
6	배우다	學習	배우+어요	배워요
7	쉬다	休息	쉬+어요	쉬어요

注意! 必須注意語調。問句時，上揚；回答時，下降。

1 (가다) 가: 가요? 나: 네, 가요.

2 (자다) 가: 자요? 나: 네, _____

3 (사다) 가: _____ ? 나: 네, _____

4 (타다) 가: _____ ? 나: 네, _____

5 (만나다) 가: _____ ? 나: _____

6 (닫다) 가: _____ ? 나: _____

7 (앉다) 가: _____ ? 나: _____

8 (오다) 가: _____ ? 나: _____

9 (보다) 가: _____ ? 나: _____

10 (놀다) 가: _____ ? 나: _____

11 (하다) 가: _____ ? 나: _____

12 (공부하다) 가: _____ ? 나: _____

13 (숙제하다) 가: _____ ? 나: _____

14 (전화하다) 가: _____ ? 나: _____

15 (아르바이트하다) 가: _____ ? 나: _____

16 (이야기하다) 가: _____ ? 나: _____

17 (샤워하다) 가: _____ ? 나: _____

18 (일하다) 가: _____ ? 나: _____

19 (먹다) 가: _____ ? 나: _____

20 (읽다) 가: _____ ? 나: _____

21 (열다) 가: _____ ? 나: _____

22 (마시다) 가: _____ ? 나: _____

23 (가르치다) 가: _____ ? 나: _____

24 (배우다) 가: _____ ? 나: _____

25 (쉬다) 가: _____ ? 나: _____

他動詞需要有受詞。此時，受詞就需要加上助詞「을/를」。

有終聲的話，接續 '을'；沒有終聲的話，接續 '를'。

받침(終聲) ○ 을		받침(終聲) × 를	
먹다 먹어요 빵을 먹어요.	吃 吃 吃麵包	먹다 먹어요 피자를 먹어요.	吃 吃 吃披薩
보다 봐요 텔레비전을 봐요.	看 看 看電視	보다 봐요 영화를 봐요.	看 看 看電影

「지금 무엇을 해요?」中文是「現在做什麼呢?」。而我們可以將「무엇을」縮短成
「뭐」來使用。也就是說，「지금 뭐 해요?」跟「지금 무엇을 해요?」兩句話的意思
是一樣的。

1 사다

　　〔1〕 가: 지금 뭐 해요?　　　　　　　　　　나: (사과) 저는 지금 사과를 사요.

　　〔2〕 가: 지금 무엇을 사요?　　　　　　　　나: (수박) 저는 지금 수박을 사요.

　　　　(※ 사과 蘋果 / 수박 西瓜)

2 타다

　　〔1〕 가: 지금 뭐 해요?　　　　　　　　　　나: (버스) 저는 지금 ＿＿＿＿＿＿＿＿

　　〔2〕 가: 지금 무엇을 타요?　　　　　　　　나: (지하철) 저는 지금 ＿＿＿＿＿＿＿

　　　　(※ 버스 公車 / 지하철 地鐵)

3 만나다
    (1) 갸:_____   냐: (친구) _____
    (2) 갸: 지금 누구를 만나요?   냐: (동생) _____
    (※ 누구 誰)

4 닫다
    (1) 갸:_____ ?   냐: (문) _____
    (2) 갸:_____ ?   냐: (창문) _____
    (※ 문 門 / 창문 窓戶)

5 공부하다
    (1) 갸:_____ ?   냐: 저는 지금 공부해요(=공부를 해요).
    (2) 갸:_____ ?   냐: (한국어) 저는 지금 한국어를 공부해요.

6 보다
    (1) 갸:_____ ?   냐: (영화) _____
    (2) 갸:_____ ?   냐: (텔레비전) _____

7 먹다
    (1) 갸:_____ ?   냐: (빵) _____
    (2) 갸:_____ ?   냐: (피자) _____
    (※ 빵 麵包 / 피자 披薩)

8 읽다
    (1) 갸:_____ ?   냐: (책) _____
    (2) 갸:_____ ?   냐: (잡지) _____
    (※ 책 書 / 잡지 雜誌)

9 마시다
    (1) 갸:_____ ?   냐: (물) _____
    (2) 갸:_____ ?   냐: (주스) _____

10 배우다
    (1) 갸:_____ ?   냐: (한국어)_____
    (2) 갸:_____ ?   냐: (한국 노래) _____

대화(對話)

1	민수: 이링 씨는 주스를 사요?	民修: 怡玲(你要)買果汁嗎?
2	이링: 네, 저는 주스를 사요.	怡玲: 要，我(要)買果汁。
3	민수: 지영 씨는 김밥을 먹어요?	民修: 智英(要)吃紫菜飯捲嗎?
4	이링: 네, 지영 씨는 김밥을 먹어요.	怡玲: 要，智英(要)吃紫菜飯捲。
5	민수: 학생들은 공부해요?	民修: 學生們(要)讀書嗎?
6	이링: 네, 학생들은 공부해요.	怡玲: 要，學生們(要)讀書。
7	민수 씨는 지금 뭐 해요?	民修你現在(要)做什麼呢?
8	민수: 저는 텔레비전을 봐요.	民修: 我(要)看電視。

● **단어:** 주스 果汁　김밥 海苔飯捲　들 們

〈**발음 주의** 發音注意〉

김밥[김빱]　　김밥을[김빠블]　　학생들[학쌩들]

학생들은[학쌩드른]　　공부해요[공부해요]

대화 연습(對話練習)

將下列單字輪流填入(　　)中，對話看看。並用 ⬭ 在을/를中圈出適當的答案。

[명사 名詞]

1 물　2 커피　3 지우개　4 휴지　5 피자　6 빵　7 숙제　8 전화　9 이야기

10 한국 드라마(韓劇)　11 영화

1 민수: 이링 씨는 (주스) 을/를 사요?	1 민수: 이링 씨는 (　　) 을/를 사요?
2 이링: 네, 저는 (주스) 을/를 사요.	2 이링: 네, 저는 (　　) 을/를 사요.
3 민수: 지영 씨는 (김밥) 을/를 먹어요?	3 민수: 지영 씨는 (　　) 을/를 먹어요?
4 이링: 네, 지영 씨는 (김밥) 을/를 먹어요.	4 이링: 네, 지영 씨는 (　　) 을/를 먹어요.
5 민수: 학생들은 (공부)해요?	5 민수: 학생들은 (　　)해요?
6 이링: 네, 학생들은 (공부)해요.	6 이링: 네, 학생들은 (　　)해요.
7 　　　민수 씨는 지금 뭐 해요?	7 　　　민수 씨는 지금 뭐 해요?
8 민수: 저는 (텔레비전) 을/를 봐요.	8 민수: 저는 (　　　) 을/를 봐요.

문장을 쓰세요(寫寫看)

注意分寫法，並抄寫下列三個句子。

	이	링		씨	는		주	스	를		사	요	?	
	이	링		씨	는		주	스	를		사	요	?	
	지	영		씨	는		김	밥	을		먹	어	요	.
	지	영		씨	는		김	밥	을		먹	어	요	.
	학	생	들	은		지	금		공	부	해	요	.	
	학	생	들	은		지	금		공	부	해	요	.	

請在空格中填入[動詞]的 –아/어요型態。

1	가다	가요	2	자다	
3	사다		4	타다	
5	만나다		6	닫다	
7	앉다		8	오다	
9	보다		10	놀다	
11	하다		12	공부하다	
13	전화하다		14	아르바이트하다	
15	샤워하다		16	운동하다	
17	일하다		18	먹다	
19	읽다		20	열다	
21	마시다		22	가르치다	
23	배우다		24	춤추다	

한국에서는 이렇게 해요(在韓國，這樣做。)

中文的「왜（為什麼）」 Vs. 韓文的「그냥」

中文常常使用「왜」，但如果對前後文脈絡不了解的對象提問「왜」的話，稍有不慎就會使對方認為你沒有禮貌。特別是對方使用韓文向你說明後，你劈頭就問「왜」的話，可能會使對方感到驚慌失措。相反地，也有我們用「왜」想要詢問理由時，韓國人卻沒有說明理由，僅僅用了「그냥」回答的情況。而這時我們可以想成比起不想要告訴你，更多的時候就只是因為沒有什麼特殊的理由。

제7과
第七課

식당에서 김밥을 안 먹어요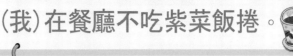
(我)在餐廳不吃紫菜飯捲。

목표(目標)
1. [장소(場所)]에서 [동사(動詞)] : 在[場所]做[動詞]。
2. [장소(場所)]에 가다 : 去[場所]。
3. 부정형(否定型): 안 + [동사(動詞)] : 不[動詞]。

문법(文法) 1 & 연습(練習) 1 : 조사(助詞) 에서

[場所]에서 [動詞] : 表示此動作正在某場所發生的意思。舉例來說 : 「학교에서 뭐해요?」以中文來說，就是「(你)在學校做什麼呢?」。回答為 : 「학교에서 한국어를 배워요.」 中文為 : 「(我)在學校讀韓文。」

1 학교 / 한국어, 배우다

가: 학교에서 뭐 해요? 　　　　　　　나: 학교에서 한국어를 배워요.

2 교실 / 책, 읽다

가: 교실에서 뭐 해요? 　　　　　　　나: 교실에서 책을 ＿＿＿＿＿＿＿＿

3 집 / 숙제하다

가: ＿＿＿＿＿＿＿＿＿＿＿ 　　　　나: ＿＿＿＿＿＿＿＿＿＿＿＿

4 백화점 / 옷, 사다

가: ＿＿＿＿＿＿＿＿＿＿＿ 　　　　나: ＿＿＿＿＿＿＿＿＿＿＿＿

5 식당 / 김밥, 먹다

가: ＿＿＿＿＿＿＿＿＿＿＿ 　　　　나: ＿＿＿＿＿＿＿＿＿＿＿＿

6 극장 / 영화, 보다

가: ＿＿＿＿＿＿＿＿＿＿＿ 　　　　나: ＿＿＿＿＿＿＿＿＿＿＿＿

7 기숙사 / 친구, 만나다

가: ＿＿＿＿＿＿＿＿＿＿＿ 　　　　나: ＿＿＿＿＿＿＿＿＿＿＿＿

8 커피숍 / 커피, 마시다

가: ＿＿＿＿＿＿＿＿＿＿＿ 　　　　나: ＿＿＿＿＿＿＿＿＿＿＿＿

「가다」動詞前面，使用助詞「에」。遇到「어디에 가요?」的提問時，回答「학교에 가요.」

1	학교	學校
2	교실	教室
3	집	家
4	백화점	百貨公司
5	식당	餐廳
6	극장	電影院
7	기숙사	宿舍
8	커피숍	咖啡廳

1 가: 어디에 가요?　　　　　　나: 학교에 가요.

2 가: 어디에 가요?　　　　　　나: 교실 _____

3 가: 어디에 가요?　　　　　　나: 집 _____

4 가: _____　나: _____

5 가: _____　나: _____

6 가: _____　나: _____

7 가: _____　나: _____

8 가: _____　나: _____

1	가다	안 가요	2	자다	안 자요
3	사다	안 사요	4	타다	안 타요
5	만나다	안 만나요	6	닫다	안 닫아요
7	앉다	안 앉아요	8	오다	안 와요
9	보다	안 봐요	10	놀다	안 놀아요
11	하다	안 해요	12	공부하다	공부 안 해요 = 공부를 안 해요
13	전화하다	전화 안 해요 = 전화를 안 해요	14	아르바이트하다	아르바이트 안 해요 = 아르바이트를 안 해요
15	샤워하다	샤워 안 해요 = 샤워를 안 해요	16	운동하다	운동 안 해요 = 운동을 안 해요
17	일하다	일 안 해요 = 일을 안 해요	18	먹다	안 먹어요
19	읽다	안 읽어요	20	열다	안 열어요
21	마시다	안 마셔요	22	가르치다	안 가르쳐요
23	배우다	안 배워요	24	춤(을) 추다	춤을 안 춰요

1 (가다) 가: 학교에 가요?   나: 아니요, 학교에 안 가요.

2 (사다) 가: 과일을 사요?   나: 아니요, 과일을 ＿＿＿＿＿＿＿

3 (만나다) 가: 친구를 ＿＿＿＿＿＿＿?   나: 아니요, ＿＿＿＿＿＿＿＿＿＿

4 (보다) 가: ＿＿＿＿＿＿＿＿＿＿?   나: 아니요, ＿＿＿＿＿＿＿＿＿＿

5 (공부하다) 가: ＿＿＿＿＿＿＿＿＿?   나: ＿＿＿＿＿＿＿＿＿＿＿＿

6 (운동하다) 가: ＿＿＿＿＿＿＿＿＿?   나: ＿＿＿＿＿＿＿＿＿＿＿＿

7 (읽다) 가: ＿＿＿＿＿＿＿＿＿＿?   나: ＿＿＿＿＿＿＿＿＿＿＿＿

8 (마시다) 가: ＿＿＿＿＿＿＿＿＿?   나: ＿＿＿＿＿＿＿＿＿＿＿＿

	한국어		中文
1	민수: 이링 씨, 공부해요?	1	民修: 怡玲, (你在)讀書嗎?
2	이링: 아니요, 저는 공부 안 해요.	2	怡玲: 沒有, 我沒有在讀書。
3	김밥을 먹어요.	3	我在吃海苔飯捲。
4	민수: 그래요? 그런데 다니엘 씨는 어디에 있어요?	4	民修: 這樣啊, 但是丹尼爾在哪裡呢?
5	이링: 다니엘 씨는 도서관에 있어요.	5	怡玲: 丹尼爾在圖書館。
6	다니엘 씨는 도서관에서 공부해요.	6	丹尼爾在讀書館裡讀書。
7	민수: 나는 지금 도서관에 가요.	7	民修: 我現在要去圖書館。
8	이링 씨, 시간이 있어요?	8	怡玲, 你有空嗎?
9	우리 도서관에 같이 가요.	9	我們一起去圖書館。
10	이링: 네, 좋아요.	10	怡玲: 好啊。

〈발음 주의 發音注意〉
도서관에[도서과네]   시간이[시가니]   같이[가치]

대화 연습(對話練習)

將下列單字輪流填入（　　　）中，對話看看。並用 ⬭ 選出適合的助詞。

['하다' 동사 動詞]
1 샤워하다　2 청소하다　3 아르바이트하다　4 이야기하다　5 일하다

[장소 場所]
1 식당　2 백화점　3 집　4 커피숍　5 극장

[음식 食物]
1 피자 披薩　2 빵 麵包　3 팝콘 爆米花　4 케이크 蛋糕　5 떡볶이 辣炒年糕

1	민수: 이링 씨, (공부)해요?	1	민수: 이링 씨, (　　)해요?
2	이링: 아니요, 저는 (공부) 안 해요.	2	이링: 아니요, 저는 (　　) 안 해요.
3	(김밥)을/를 먹어요.	3	(　　)을/를 먹어요.
4	민수: 그래요? 그런데 다니엘 씨는 어디에 있어요?	4	민수: 그래요? 그런데 다니엘 씨는 어디에 있어요?
5	이링: 다니엘 씨는 (도서관)에 있어요.	5	이링: 다니엘 씨는 (　　)에 있어요.
6	다니엘 씨는 (도서관)에서 공부해요.	6	다니엘 씨는 (　　)에서 (　　)해요.
7	민수: 나는 지금 (도서관)에 가요.	7	민수: 나는 지금 (　　)에 가요.
8	이링 씨, 시간이 있어요?	8	이링 씨, 시간이 있어요?
9	우리 (도서관)에 같이 가요.	9	우리 (　　)에 같이 가요.
10	이링: 네, 좋아요.	10	이링: 네, 좋아요.

문장을 쓰세요(寫寫看)

注意分寫法，並抄寫下列句子。

稿紙書寫注意! 如果沒有開始要新的段落，每行的第一格請不要空格。

	그	런	데		다	니	엘		씨	는		어	디	에
있	어	요	?											
	그	런	데		다	니	엘		씨	는		어	디	에
있	어	요	?											
	다	니	엘		씨	는		도	서	관	에	서		공
부	해	요	.											
	다	니	엘		씨	는		도	서	관	에	서		공
부	해	요	.											

請將[動詞]的否定型填入空格中。

1	가다	안 가요	2	자다	
3	사다		4	타다	
5	만나다		6	닫다	
7	앉다		8	오다	
9	보다		10	놀다	
11	하다		12	공부하다	
13	전화하다		14	아르바이트하다	
15	샤워하다		16	운동하다	
17	일하다		18	먹다	
19	읽다		20	열다	
21	마시다		22	가르치다	
23	배우다		24	춤추다	

한국에서는 이렇게 해요(在韓國，這樣做。)

在韓國，所有的餐廳都會提供飲用水。當然，水是免費提供。許多地方是自助的，必須自己拿杯子裝水自己的位置。通常韓國人在吃飯的時候，會喝提供的飲用水、麥茶、玉米茶等等。有著淡淡的香氣及味道的韓國麥茶、玉米茶是極品。

제8과
第八課

떡볶이가 아주 맛있어요.
辣炒年糕非常好吃。

목표(目標)

1. 형용사 : 形容詞
2. 무슨 [명사] : 什麼 [名詞]
3. 조사 : 이/가 Vs. 은/는 (구정보, 신정보)
   　　: 助詞 : 이/가 Vs. 은/는 (舊情報 / 新情報)
4. 조사 : 도 助詞 : 也

문법(文法) 1 & 연습(練習) 1 : 형용사(形容詞)

–아/어요型態的變化方式與動詞相同。形容詞前面使用助詞이/가。

track 30

받침(終聲) ✕ 가		받침(終聲) ○ 이	
싸다	便宜的	싸다	便宜的
싸요	便宜的	싸요	便宜的
망고가 싸요.	芒果(是)便宜的	멜론이 싸요.	哈蜜瓜(是)便宜的
맛있다	好吃的	맛있다	好吃的
맛있어요	好吃的	맛있어요	好吃的
바나나가 맛있어요.	香蕉(是)好吃的	수박이 맛있어요.	西瓜(是)好吃的

1 母音「ㅏ」、「ㅗ」，後面接「아요」

1	싸다	便宜的	싸+아요	싸요	망고가 싸요.	芒果(是)便宜的
2	비싸다	貴的	비싸+아요	비싸요	멜론이 비싸요.	哈蜜瓜(是)貴的
3	좋다	好的	좋+아요	좋아요	한국어가 좋아요.	韓文(是)好的
4	많다	多的	많+아요	많아요	돈이 많아요.	錢(是)多的

1-(1) 싸다
가: 망고가 싸요?   나: 네, 망고가 싸요.

1-(2) 비싸다
가: 멜론이 비싸요?   나: 네, _____

1-(3) 좋다
가: 한국어가 좋아요?   나: _____

1-(4) 많다
가: 돈이 많아요?   나: _____

2 하다 ➡ 해요

1	중요하다	重要的	중요해요	한국어 문법이 중요해요.	韓文文法(是)重要的
2	깨끗하다	乾淨的	깨끗해요	교실이 깨끗해요.	教室(是)乾淨的
3	복잡하다	複雜的	복잡해요	서울이 복잡해요.	首爾(是)複雜的
4	친절하다	親切的	친절해요	대만 사람이 친절해요.	台灣人(是)親切的

2-(1) 중요하다

　가: 한국어 문법이 중요해요?　　나: 네, 한국어 문법이 중요해요.

2-(2) 깨끗하다

　가: 교실이 깨끗해요?　　　　　나: 네, ＿＿＿＿＿＿＿＿＿＿＿＿＿＿

2-(3) 복잡하다

　가: 서울이 복잡해요?　　　　　나: ＿＿＿＿＿＿＿＿＿＿＿＿＿＿＿

2-(4) 친절하다

　가: 대만 사람이 친절해요?　　　나: ＿＿＿＿＿＿＿＿＿＿＿＿＿＿＿

3 「ㅏ」、「ㅗ」以外的其他母音，接「어요」。

1	맛있다	好吃的	맛있+어요	맛있어요	과일이 맛있어요.	水果(是)好吃的
2	맛없다	不好吃的	맛없+어요	맛없어요	빵이 맛없어요.	麵包(是)不好吃的
3	멋있다	帥氣的	멋있+어요	멋있어요	그 남자가 멋있어요.	那男人(是)帥氣的
4	재미있다	有趣的	재미있+어요	재미있어요	한국어가 재미있어요.	韓文(是)有趣的
5	재미없다	無趣的	재미없+어요	재미없어요	영화가 재미없어요.	電影(是)無趣的
6	흐리다	陰(天)的	흐리+어요	흐려요	날씨가 흐려요.	天氣(是)陰的

3-[1] 맛있다

가: 과일이 맛있어요?　　　　　　나: 네, 과일이 맛있어요.

3-[2] 맛없다

가: 빵이 맛없어요?　　　　　　나: 네, _____

3-[3] 멋있다

가: 그 남자가 멋있어요?　　　　나: _____

3-[4] 재미있다

가: 한국어가 재미있어요?　　　　나: _____

3-[5] 재미없다

가: 영화가 재미없어요?　　　　나: _____

3-[6] 흐리다

가: 날씨가 흐려요?　　　　　　나: _____

문법(文法) 2 & 연습(練習) 2 : 무슨 [명사] 什 [名詞]

中文意思為 : 什麼 [名詞]

단어(單字) : 음식 & 과일(食物 & 水果)

1	김밥	紫菜飯捲	5	사과	蘋果
2	비빔밥	拌飯	6	수박	西瓜
3	삼계탕	五花肉	7	바나나	香蕉
4	김치찌개	泡菜鍋	8	멜론	哈密瓜

1 가: 무슨 음식을 좋아해요?　　　　나: 저는 김밥을 좋아해요.

2 가: 무슨 음식을 좋아해요?　　　　나: 저는 _____

3 가: 무슨 _____　　　　나: _____

4 가: _____　　나: _____

5 가: 무슨 과일을 좋아해요?　　　　나: _____

6 가: _____　　나: _____

7 가: _____　　나: _____

8 가: _____　　나: _____

문법(文法) 3 & 연습(練習) 3 : 조사 이/가, 은/는 助詞 이/가, 은/는

助詞이/가代表新情報 ; 은/는代表舊情報。
由於提問時，會出現新的內容及情報，因此使用이/가助詞。(<例> 이것이 뭐예요?)
而回答時，由於情報已經出來過，成為了舊情報，因此則改使用은/는助詞。(<例>
이것은 삼계탕이에요.)

단어(單字) : 음식 & 과일(食物 & 水果)

1	김밥	紫菜飯捲	5	사과	蘋果
2	비빔밥	拌飯	6	수박	西瓜
3	삼계탕	五花肉	7	바나나	香蕉
4	김치찌개	泡菜鍋	8	멜론	哈密瓜

1 가: 이것이 뭐예요? 나: 이것은 김밥이에요.

2 가: 이것이 뭐예요? 나: 이것은 _____

3 가: _____ 나: _____

4 가: _____ 나: _____

5 가: _____ 나: _____

6 가: _____ 나: _____

7 가: _____ 나: _____

8 가: _____ 나: _____

문법(文法) 4 & 연습(練習) 4 : 조사 - 도 助詞 – 也

助詞「도」就是中文的「也」的意思。

紫菜飯捲(是)好吃的，蔘雞湯也(是)好吃的。

(我)吃紫菜飯捲，也吃蔘雞湯。

這是水果，那也是水果。

它可以取代이/가, 은/는, 을/를的位置來使用。並且, 兩個助詞無法一起使用。「삼계탕은도 맛있어요. (X)」

1　가: 김밥이 맛있어요.　　　　나: (삼계탕) 삼계탕도 맛있어요.

2　가: 비빔밥을 먹어요.　　　　나: (라면) ＿＿＿＿＿＿＿＿＿＿＿

3　가: 이것은 주스예요.　　　　나: (저것) ＿＿＿＿＿＿＿＿＿＿＿

4　가: 서울이 복잡해요.　　　　나: (타이베이)＿＿＿＿＿＿＿＿＿

5　가: 지영 씨를 만나요.　　　　나: (민수 씨)＿＿＿＿＿＿＿＿＿

6　가: 오늘은 휴일이에요.　　　　나: (내일) ＿＿＿＿＿＿＿＿＿＿＿

　　(※ 오늘 今天 / 내일 明天 / 휴일 假日)

대화(對話)

1	이링: 떡볶이가 맛있어요?	1	怡玲: 辣炒年糕(是)好吃的嗎?
2	민수: 네, 떡볶이가 아주 맛있어요.	2	民修: 是,辣炒年糕(是)非常好吃。
3	이링 씨는 무슨 음식을 좋아해요?	3	怡玲(你)喜歡什麼食物呢?
4	이링: 저는 김밥을 좋아해요.	4	怡玲: 我喜歡紫菜飯捲。
5	그런데 이것이 뭐예요?	5	不過,這是什麼呢?
6	민수: 이것은 삼계탕이에요.	6	民修: 這是蔘雞湯。
7	이링: 삼계탕도 맛있어요?	7	怡玲: 蔘雞湯也(是)好吃的嗎?
8	민수: 네, 삼계탕도 아주 맛있어요.	8	民修: 是,蔘雞湯也(是)非常好吃的。

〈**발음 주의** 發音注意〉

떡볶이[떡뽀끼]   좋아해요[조아해요]   이것이[이거시]

이것은[이거슨]   맛있어요[마시써요]

주의(注意) 맛없어요[마덥써요]

將下列單字輪流填入(　　)中，對話看看。並用 ⬭ 圈出正確的助詞及 예요/이에요語尾。

[한국 음식 韓國食物]

1	김밥	紫菜飯捲
2	김치	泡菜
3	냉면	冷面
4	돈가스	炸豬排
5	라면	泡麵
6	만두	餃子
7	삼겹살	五花肉

8	비빔밥	拌飯
9	삼계탕	蔘雞湯
10	감자탕	馬鈴薯排骨湯
11	짜장면	炸醬面
12	치킨	炸雞
13	떡볶이	辣炒年糕
14	찌개 김치찌개 된장찌개 부대찌개 순두부찌개	鍋 泡菜鍋 大醬鍋 部隊鍋 豆腐鍋

1 이링: (떡볶이)이/가 맛있어요?

2 민수: 네, (떡볶이)이/가 아주 맛있어요.

3 　　 이링 씨는 무슨 음식을 좋아해요?

4 이링: 저는 (김밥)을/를 좋아해요.

5 　　 그런데 이것이 뭐예요?

6 민수: 이것은 (삼계탕)예요/이에요.

7 이링: (삼계탕)도 맛있어요?

8 민수: 네, (삼계탕)도 아주 맛있어요.

1 이링: (　　)이/가 맛있어요?

2 민수: 네, (　　)이/가 아주 맛있어요.

3 　　 이링 씨는 무슨 음식을 좋아해요?

4 이링: 저는 (　　)을/를 좋아해요.

5 　　 그런데 이것이 뭐예요?

6 민수: 이것은 (　　)예요/이에요.

7 이링: (　　)도 맛있어요?

8 민수: 네, (　　)도 아주 맛있어요.

문장을 쓰세요(寫寫看)

注意分寫法，並抄寫下列三個句子。

稿紙書寫注意！ 不可以將包含句點的所有標點符號寫在文章最前面。請將符號點在格子外。

	떡	볶	이	가		아	주		맛	있	어	요	.	
	떡	볶	이	가		아	주		맛	있	있	요	.	
	이	링		씨	는		무	슨		음	식	을		좋
아	해	요	?											
	이	링		씨	는		무	슨		음	식	식		좋
아	해	요	?											
	네	,	삼	계	탕	도		아	주		맛	있	어	요	.
	네	,	삼	계	탕	도		아	주		맛	있	어	요	.

請用指定的名詞及形容詞完成句子。

1	망고, 싸다
2	멜론, 비싸다
3	한국어, 좋다
4	하늘, 맑다
5	한국어 문법, 중요하다
6	교실, 깨끗하다
7	서울, 복잡하다
8	대만 사람, 친절하다
9	과일, 맛있다
10	빵, 맛없다
11	그 남자, 멋있다
12	한국어, 재미있다
13	영화, 재미없다
14	날씨, 흐리다

한국에서는 이렇게 해요(在韓國，這樣做。)

在韓國休息的日子稱為「휴일」或「휴가」。雖然在韓文中「휴가를 내다」相當於中文的「請假」，但這是職場上的用法，在學校不使用這樣的講法。因此，用韓文告訴老師時，「휴가를 신청합니다」或「휴가를 냅니다」的講法是不自然的。而是在詳細的說明缺席的理由後，使用「공결 처리를 부탁드립니다」才正確。

제9과
第九課

어제 뭐 했어요?
(你)昨天做了什麼呢?

목표(目標)
1. [동사] 과거 : [動詞] 過去式
2. [동사] 고 : [動詞] 之後
3. 시간 時間

문법(文法) 1 : 과거 過去式

1 母音「ㅏ」、「ㅗ」, 後面接「았어요」

(1) 모음(母音) ㅏ + 았어요

 track 38

1	가다	走,去	가 + 았어요	갔어요
2	자다	睡	자 + 았어요	잤어요
3	사다	買	사 + 았어요	샀어요
4	타다	搭乘	타 + 았어요	탔어요
5	만나다	見面	만나 + 았어요	만났어요
6	닫다	關	닫 + 았어요	닫았어요
7	앉다	坐	앉 + 았어요	앉았어요

(2) 모음(母音) ㅗ + 았어요

 track 39

1	오다	來	오+았어요	왔어요
2	보다	看	보+았어요	봤어요
3	놀다	玩	놀+았어요	놀았어요

2 하다 ➡ 했어요

0	하다	做	했어요
1	공부하다	讀書	공부했어요
2	숙제하다	做功課	숙제했어요
3	전화하다	打電話	전화했어요
4	아르바이트하다	打工	아르바이트했어요
5	이야기하다	聊天，說話	이야기했어요
6	샤워하다	洗澡	샤워했어요
7	운동하다	運動	운동했어요
8	일하다	工作	일했어요

3 「ㅏ」、「ㅗ」以外的其他母音，接「었어요」

1	먹다	吃	먹+었어요	먹었어요
2	읽다	讀	읽+었어요	읽었어요
3	열다	開	열+었어요	열었어요
4	마시다	喝	마시+었어요	마셨어요
5	가르치다	敎	가르치+었어요	가르쳤어요
6	배우다	學習	배우+었어요	배웠어요
7	쉬다	休息	쉬+었어요	쉬었어요

	동사動詞	현재現在	과거過去		형용사形容詞	현재現在	과거過去
1	가다	가요	갔어요	1	싸다		
2	자다			2	비싸다		
3	사다			3	좋다		
4	타다			4	많다		
5	만나다			5	맑다		
6	닫다			6	중요하다	중요해요	중요했어요
7	앉다			7	깨끗하다		
8	공부하다			8	복잡하다		
9	숙제하다			9	친절하다		
10	먹다	먹어요	먹었어요	10	맛있다		
11	읽다			11	맛없다		
12	열다			12	멋있다		
13	마시다			13	재미있다		
14	배우다			14	재미없다		
15	쉬다			15	흐리다		

1 (학교, 가다) 가: 학교에 갔어요?　　　　　나: 네, 학교에 갔어요.

2 (과일, 사다) 가: 과일을 샀어요?　　　　　나: 네, _____

3 (버스, 타다) 가: _____　　　나: _____

4 (친구, 만나다) 가: _____　　나: _____

5 (숙제, 하다) 가: _____　　　나: _____

6 (빵, 먹다) 가: _____　　　　나: _____

7 (물, 마시다) 가: _____　　　나: _____

8 (바나나, 싸다) 가: _____　　나: _____

9 (한국어, 좋다) 가: _____　　나: _____

10 (문법, 중요하다) 가: _____　　나: _____

11 (비빔밥, 맛있다) 가: _____　　나: _____

12 (영화, 재미있다) 가: _____　　나: _____

문법(文法) 2　동사 + 고 : [動詞] 之後

「고」表示時間的順序及完成的意思。也就是我們說「밥을 먹고 이를 닦아요 (吃飯之後刷牙)」就代表吃飯的動作完全的結束後，接下來刷牙的意思。若要將「밥을 먹어요. 그리고 이를 닦아요.」這個兩個句子合併成一個句子時，可變為「밥을 먹고 이를 닦아요.」。

在動詞的語幹上接上　–고　就可以了。〈例〉 가다–가고, 먹다–먹고, 하다–하고

「고」並沒有跟過去式合併，而是在句尾才使用過去式。有終聲時，需要注意發音。舉例來說，「먹고」唸成「먹꼬」；「읽다」唸成「일꼬」後面需要強一點的發音。

1	사다	買	사+고	사고
2	(이를) 닦다	刷(牙)	닦+고	닦고
3	먹다	吃	먹+고	먹고
4	읽다	讀、唸	읽+고	읽고
5	마시다	喝	마시+고	마시고
6	배우다	學	배우+고	배우고
7	공부하다	讀書	공부하+고	공부하고
8	세수하다	洗臉	세수하+고	세수하고

1 과일을 사요. 그리고 도시락을 사요. ➡ 과일을 사고 도시락을 사요.

2 밥을 먹어요. 그리고 이를 닦아요. ➡ _____

3 책을 읽어요. 그리고 밥을 먹어요. ➡ _____

4 주스를 마셔요. 그리고 책을 읽어요. ➡ _____

5 한국어를 공부해요. 그리고 세수해요. ➡ _____

6 이를 닦아요. 그리고 세수해요. ➡ _____

7 춤을 배워요. 그리고 물을 마셔요. ➡ _____

8 세수해요. 그리고 춤을 배워요. ➡ _____

문법(文法) 3 : 시간(時間)

時間是使用韓文發音系統的數字來表示。而一到四的單字有一些變化，請特別注意這一點。詢問時間時，用「몇 시예요? （幾點呢?）」來提問。另外，數字和時間中間必須空格分寫。〈例〉한^시

而小時是用韓文發音系統，分則是用漢字發音系統來唸。

	숫자(韓文)	시간	숫자(漢字)	분
1	하나	한 시	일	일 분
2	둘	두 시	이	이 분
3	셋	세 시	삼	삼 분
4	넷	네 시	사	사 분
5	다섯	다섯 시	오	오 분
6	여섯	여섯 시	육	육 분
7	일곱	일곱 시	칠	칠 분
8	여덟	여덟 시	팔	팔 분
9	아홉	아홉 시	구	구 분
10	열	열 시	십	십 분
11	열하나	열한 시	십일	십일 분
12	열둘	열두 시	십이	십이 분

1 가: 몇 시예요?　　　　　나: (6) 여섯 시예요.

2 가: _____　　　　나: (1) _____

3 가: _____　　　　나: (2) _____

4 가: _____　　　　나: (3) _____

5 가: _____　　　　나: (4) _____

6 가: _____　　　　나: (7) _____

7 가: _____　　　　나: (11) _____

8 가: _____　　　　나: (8) _____

대화(對話)

track 44

1 민수: 이링 씨, 어제 뭐 했어요?	1 民修: 怡玲,(你)昨天做了什麼呢?
2 이링: 저는 어제 극장에서 영화를 봤어요.	2 怡玲: 我昨天在電影院看了電影。
3 민수: 그리고 무엇을 했어요?	3 民修: 接下來做了什麼呢?
4 이링: 두 시에 극장에서 영화를 보고 다섯 시에 식당에서 냉면을 먹었어요.	4 怡玲: 兩點在電影院看了電影後,五點在餐廳吃了冷麵。
5 민수 씨도 어제 극장에서 영화를 봤어요?	5 民修(你)昨天也在電影院看了電影嗎?
6 민수: 아니요, 저는 어제 극장에서 영화를 안 봤어요.	6 民修: 沒有,我昨天沒有在電影院看電影。在家寫作業後休息了。
7 집에서 숙제하고 쉬었어요.	7

track 45

〈발음 주의 發音注意〉

극장[극짱]   극장에서[극짱에서]   식당[식땅]   식당에서[식땅에서]
냉면[냉면]   냉면을[냉며늘]   숙제[숙쩨]

將下列單字輪流填入(　　)中，對話看看。並用◯圈出正確的助詞。

[장소 場所]

1 극장　2 백화점　3 집　4 커피숍　5 식당

[동사 動詞]

1 영화를 보다　2 텔레비전을 보다　3 옷을 사다

4 커피를 마시다　5 숙제(를) 하다　6 (운동)을 하다

---

1 민수: 이링 씨, 어제 뭐 했어요?

2 이링: 저는 어제 (극장)에서 (영화)
　　　을/를 (봤어요).

3 민수: 그리고 무엇을 했어요?

4 이링: (두) 시에 (극장)에서 (영화)
　　　을/를 (보고) (다섯) 시에 (식당)
　　　에서 (냉면)을/를 (먹었어요).

5 민수 씨도 어제 (극장)에서 (영화)
　　　을/를 (봤어요)?

6 민수: 아니요,
　　　저는 어제 (극장)에서 (영화)
　　　을/를 (안 봤어요).

7 (집)에서 (숙제하고) (쉬었어요).

---

1 민수: 이링 씨, 어제 뭐 했어요?

2 이링: 저는 어제 (　　)에서 (　　)
　　　을/를 (　　).

3 민수: 그리고 무엇을 했어요?

4 이링: 두 시에 (　　)에서 (　　)
　　　을/를 (　　) (　　) 시에 (　　)
　　　에서 (　　)을/를 (　　).

5 민수 씨도 어제 (　　)에서 (　　)
　　　을/를 (　　　)?

6 민수: 아니요,
　　　저는 어제 (　　)에서 (　　)
　　　을/를 (　　).

7 (　　)에서 (　　　) (　　).

문장을 쓰세요(寫寫看)

注意分寫法，並抄寫下列句子。

	두		시	에		극	장	에	서		영	화	를	
	두		시	에		극	장	에	서		영	화	를	
보	고		다	섯		시	에		식	당	에	서		냉
보	고		다	섯		시	에		식	당	에	서		냉
면	을		먹	었	어	요	.							
면	을		먹	었	어	요	.							

연습해 보세요 1 (小試身手)

–請填滿下列空格。

	동사	현재	과거		형용사	현재	과거
1	가다	가요	갔어요	1	싸다		
2	자다			2	비싸다		
3	사다			3	좋다		
4	타다			4	많다		
5	만나다			5	맑다		
6	닫다			6	중요하다		
7	앉다			7	깨끗하다		
8	공부하다			8	복잡하다		
9	숙제하다			9	친절하다		
10	먹다			10	맛있다		
11	읽다			11	맛없다		
12	열다			12	멋있다		
13	마시다			13	재미있다		
14	배우다			14	재미없다		
15	쉬다			15	흐리다		

연습해 보세요 2 (小試身手)

請使用上方的15個動詞,造出5組與範例使用相同文法的對話。

예(例) 가: 어제 뭐 했어요?

나: 나는 어제 숙제하고 밥을 먹었어요.

한국에서는 이렇게 해요(在韓國,這樣做。)

(1) 너무 非常

基本上「너무」有著偏否定的意思。「너무 더워요. (非常熱)」有著「너무 더워서 싫어요. (因為非常熱所以不喜歡)」的意涵。但是,它在口語上,經常被拿來在強調時使用。

(2) 그런데 但是/不過

雖然「근데」是韓國人在口語時經常使用的講法,但原來應該要寫成「그런데」才正確。

以上參考〈국립국어원〉

제10과 第十課

오늘은 며칠이에요?
今天是幾號呢?

목표(目標)

1. 시간, 요일, 날짜, 시간 관련 단어 : 달력, 어제–오늘–내일, 지난 주, 이번 주, 다음 주 時間、今天、日期、時間關連語 : 日曆、昨天–今天–明天、上週、這週、下週
2. 시간 +에(어제, 오늘, 내일, 에 없다) : 時間+에 (어제, 오늘, 내일, 不接續에)
3. 하지만 : 但是

문법(文法) 1 : 시간(時間)

달력(月曆) & 날짜(日期)

track 46 ✇

1월	2월	3월	4월	5월	6월	7월	8월	9월	10월	11월	12월
일월	이월	삼월	사월	오월	유월	칠월	팔월	구월	시월	십일월	십이월

track 47 ✇

1일	2일	3일	4일	6일	10일	11일	20일	21일	30일	31일
일 일	이 일	삼 일	사 일	육 일	십 일	십일 일	이십 일	이십일 일	삼십 일	삼십일 일

用韓文詢問日期時，使用「오늘은 며칠이에요?」來提問，並且用今天的日期來回答即可。數字及月份連著寫，數字跟日期則空格分寫。

연습(練習) 1-1

1 (3/1)   가: 오늘은 며칠이에요?   나: 삼월 일 일이에요.

2 (6/6)   가: _____   나: _____

3 (8/15)   가: _____   나: _____

4 (10/9)   가: _____   나: _____

5 (12/25) 가: _____   나: _____

단어(單字) - 요일(星期)

월요일	화요일	수요일	목요일	금요일	토요일	일요일
星期一	星期二	星期三	星期四	星期五	星期六	星期日

연습(練習) 1-2

1 (월요일) 가: 오늘은 무슨 요일이에요?   나: 오늘은 월요일이에요.

2 (화요일) 가: _____   나: _____

3 (수요일) 가: _____   나: _____

4 (목요일) 가: _____   나: _____

5 (금요일) 가: _____   나: _____

6 (토요일) 가: _____   나: _____

7 (일요일) 가: _____   나: _____

문법(文法) 2 시간 + 조사(助詞) '에' : 在 . . . . . . 時間

在出現包含時間的講法時，通常後面會加上助詞「에」，但是，昨天、今天、明天
則不可加「에」助詞「에」可以跟助詞「도」、「와」一起使用。(〈例〉 월요일에도
학교에 가요?)

단어(單字) - 시간 관련 단어(時間關連語)

어제	오늘	내일	주말	지난 주	이번 주	다음 주	작년	올해	내년
昨天	今天	明天	週末	上週	這週	下週	去年	今年	明年

연습(練習) 2

1 가: 어제 한국어를 공부했어요?　　　　　　나: 네, 어제 한국어를 공부했어요.

2 가: 오늘 친구를 만나요?　　　　　　　　　나: 아니요, _____

3 가: 주말에 한국 영화를 봤어요?　　　　　　나: 네, _____

4 가: 지난 주에 시장에 갔어요?　　　　　　　나: 아니요, _____

5 가: 월요일에 숙제를 했어요?　　　　　　　나: 네, _____

6 가: 작년에도 한국어를 공부했어요?　　　　나: 네, _____

7 가: 주말에도 학교에 가요?　　　　　　　　나: 아니요, 주말에는 _____

※ 此處的「는」是有著對比的意思。強調了與「(我)平日去學校」不同，「(我)週末不去學校」的事實。

8 가: 목요일에도 식당에서 아르바이트해요?　나: 네, _____

動詞、形容詞都可以接續的「지만」中文解釋為「雖然/ 但是」。
「한국어는 재미있어요. 하지만 힘들어요. (韓文(是)有趣的。但是，很辛苦。)」若要將這兩句合併成一個句子的話，可以寫成「한국어는 재미있지만 힘들어요. 」。在本課我們先練習形容詞接續。

연습(練習) 3

1 한국어는 재미있어요. 하지만 힘들어요. ➡ 한국어는 재미있지만 힘들어요.

2 한국어는 힘들어요. 하지만 재미있어요. ➡ _____

3 망고가 비싸요. 하지만 맛있어요. ➡ _____

4 망고가 맛있어요. 하지만 비싸요. ➡ _____

5 서울이 복잡해요. 하지만 깨끗해요. ➡ _____

6 서울이 깨끗해요. 하지만 복잡해요. ➡ _____

대화(對話)

track 50

1 민수: 이링 씨, 주말 잘 보냈어요?	1 民修: 怡玲，週末過得好嗎?
2 이링: 네, 민수 씨도 주말 잘 보냈어요?	2 怡玲: (過得)好， 民修(你)週末也過得好嗎?
3 민수: 네, 잘 보냈어요. 이링 씨는 주말에 뭐 했어요?	3 民修: 好，過得好。 怡玲(你)在週末做了什麼呢?
4 이링: 주말에 시험 공부를 하고 저녁을 먹었어요.	4 怡玲: (我)在週末準備了考試後， 吃了晚餐。
5 참, 민수 씨는 요즘 춤을 배워요. 맞아요?	5 對了，民修(你)今天要學跳 舞，對嗎?
6 민수: 네, 맞아요. 요즘 학원에서 춤을 배워요.	6 民修: 對，沒錯。最近在補習班學 跳舞。
7 춤은 재미있지만 힘들어요.	7 雖然舞蹈(是)有趣的，但很 辛苦。

● **단어:** 시험 考試   시험 공부 準備考試   맞아요 對的   학원 補習班   춤 舞蹈   힘들다 辛苦的

track 51

〈**발음 주의** 發音注意〉

주말[주말]   주말에[주마레]   저녁을[저녀글]   맞아요[마자요]

대화 연습(對話練習)

將下列單字輪流填入（　）中，對話看看。並用 ⬭ 圈出正確的助詞。

[동사 動詞]
1 저녁을 먹다　2 영화를 보다　3 책을 읽다　4 노래(를) 하다
5 춤을 배우다　6 한국어를 배우다　7 노래를 배우다

1 민수: 이링 씨, 주말 잘 보냈어요?	1 민수: 이링 씨, 주말 잘 보냈어요?
2 이링: 네, 민수 씨도 주말 잘 보냈어요?	2 이링: 네, 민수 씨도 주말 잘 보냈어요?
3 민수: 네, 잘 보냈어요. 이링 씨는 주말에 뭐 했어요?	3 민수: 네, 잘 보냈어요. 이링 씨는 주말에 뭐 했어요?
4 이링: 주말에 (숙제)을/를 (하고) (저녁)을/를 (먹었어요).	4 이링: 주말에 (　　)을/를 (　　) (　)을/를 (　　).
5 　참, 민수 씨는 요즘 (춤)을/를 배워요. 맞아요?	5 　참, 민수 씨는 요즘 (　)을/를 배워요. 맞아요?
6 민수: 네, 맞아요. 요즘 (학원)에서 (춤)을/를 배워요.	6 민수: 네, 맞아요. 요즘 (　　)에서 (　)을/를 배워요.
7 (춤)은/는 재미있지만 힘들어요.	7 (　)은/는 재미있지만 힘들어요.

문장을 쓰세요(寫寫看)

注意分寫法，並抄寫下列句子。

不會因為需要空格分寫而在第一格空格；第一格空格分寫只有在新的段落開始時才需要。

	주	말	에		숙	제	를		하	고		저	녁	을
먹	었	어	요	.										
	주	말	에		숙	제	를		하	고		저	녁	을
먹	었	어	요	.										
	춤	은		재	미	있	지	만		힘	들	어	요	.
	춤	은		재	미	있	지	만		힘	들	어	요	.

來說說各位的一週生活。

請寫出星期一至星期日共7句句子。

請用與範例相同的 「主語 + [時間]에 + [場所]에서 + [名詞]을/를 + 動詞」 形式來寫。

[보기] 저는 월요일에 학교에서 한국어를 배워요.

在韓國，有非常多的「학원(補習班)」。國小、國中、高中的學生們因為要去學英文、數學、國語等等科目的補習班而非常忙碌。而大人們則是為了語言學習、興趣或是考取證照而去補習班。

잠시만 기다리세요.

請稍等一下。

목표(目標) 1 [동사] + (으)세요 : 請[動詞]
2 [언어] 로 뭐예요? : 用[語言]怎麼說?
3 [명사] 을/를 좋아해요 Vs. [명사] 이/가 좋아요 : 喜歡[名詞] Vs. [名詞]是喜歡(好)的。

〈문법(文法) 1〉 [동사] -(으)세요 : 請[動詞]

動詞連接「-(으)세요」時，代表命令的意思。也就是說，雖然語尾為「요」型，但是因為涵有「命令」的意思，因此對長輩使用時需要小心。

沒有終聲的話，接續'-세요'；有終聲的話，接續'-으세요'。

받침(終聲) × -세요		
1	돈을 주다	給錢	돈을 주세요
2	학교에 오다	來學校	학교에 오세요
3	집에 가다	回家	집에 가세요
4	책을 보다	看書	책을 보세요
5	이 문장을 쓰다	寫這個句子	이 문장을 쓰세요
6	교실에서 쉬다	在教室休息	교실에서 쉬세요
7	선생님을 기다리다	等待老師	선생님을 기다리세요
8	불을 켜다	開燈	불을 켜세요
9	불을 끄다	關燈	불을 끄세요

받침(終聲) ㅇ -으세요		
1	여기에 앉다	坐(在)這裡	여기에 앉으세요
2	문을 닫다	關門	문을 닫으세요
3	책을 읽다	讀書	책을 읽으세요
4	사진을 찍다	拍照	사진을 찍으세요
5	영수증을 받다	收收據(發票)	영수증을 받으세요

※ 밥을 먹다(吃飯)-밥을 드세요
※ 물을 마시다(喝水)-물을 드세요

注意 「먹다」和「마시다」會轉換成「드세요」

1 가: (돈을 주다)　　　　　　　　돈을 주세요.　　　　　　나: 네, 알겠습니다.

2 가: (학교에 오다)＿＿＿＿＿＿＿＿＿＿＿＿＿＿＿＿＿＿＿＿＿ 나: 네, 알겠습니다.

3 가: (집에 가다)＿＿＿＿＿＿＿＿＿＿＿＿＿＿＿＿＿＿＿＿＿＿ 나: 네, 알겠습니다.

4 가: (책을 보다)＿＿＿＿＿＿＿＿＿＿＿＿＿＿＿＿＿＿＿＿＿ 나: 네, 알겠습니다.

5 가: (이 문장을 쓰다)＿＿＿＿＿＿＿＿＿＿＿＿＿＿＿＿＿＿ 나: 네, 알겠습니다.

6 가: (교실에서 쉬다)＿＿＿＿＿＿＿＿＿＿＿＿＿＿＿＿＿＿ 나: 네, 알겠습니다.

7 가: (선생님을 기다리다)＿＿＿＿＿＿＿＿＿＿＿＿＿＿＿＿ 나: 네, 알겠습니다.

8 가: (불을 켜다)＿＿＿＿＿＿＿＿＿＿＿＿＿＿＿＿＿＿＿＿＿ 나: 네, 알겠습니다.

9 가: (불을 끄다)＿＿＿＿＿＿＿＿＿＿＿＿＿＿＿＿＿＿＿＿＿ 나: 네, 알겠습니다.

10 가: (여기에 앉다)＿＿＿＿＿＿＿＿＿＿＿＿＿＿＿＿＿＿＿ 나: 네, 알겠습니다.

11 가: (문을 닫다)＿＿＿＿＿＿＿＿＿＿＿＿＿＿＿＿＿＿＿＿ 나: 네, 알겠습니다.

12 가: (책을 읽다)＿＿＿＿＿＿＿＿＿＿＿＿＿＿＿＿＿＿＿＿＿ 나: 네, 알겠습니다.

13 가: (사진을 찍다)＿＿＿＿＿＿＿＿＿＿＿＿＿＿＿＿＿＿＿ 나: 네, 알겠습니다.

14 가: (영수증을 받다)＿＿＿＿＿＿＿＿＿＿＿＿＿＿＿＿＿＿ 나: 네, 알겠습니다.

15 가: (밥을 먹다)＿＿＿＿＿＿＿＿＿＿＿＿＿＿＿＿＿＿＿＿＿ 나: 네, 알겠습니다.

16 가: (물을 마시다)＿＿＿＿＿＿＿＿＿＿＿＿＿＿＿＿＿＿ 나: 네, 알겠습니다.

문법(文法) 2 이건 한국어로 뭐예요?(這個用韓文怎麼說?)

1) 이건 = 이것은, 의 줄임말 為「이것은」縮寫
2) [언어]로 : 한국어로, 중국어로, 영어로 用[語言] ：用韓文，用中文，用英文

	그림	질문	답
1		이건 한국어로 뭐예요?	이건 한국어로 새예요.
2			
3			
4			
5			
6			
7			
8			

문법(文法) 3 [명사]을/를 좋아해요 Vs. [명사]이/가 좋아요

喜歡[名詞] Vs. [名詞]是喜歡(好)的

「좋아하다」是動詞，而「좋다」為形容詞，因此請小心使用加在前面的助詞。

예(例) 나는 사과를 좋아해요. 我喜歡蘋果。

　　 나는 사과가 좋아요. 我喜歡蘋果。

연습(練習) 3

한국 음식 韓國食物			과일 水果		
1	비빔밥	拌飯	8	망고	芒果
2	칼국수	刀削麵	9	바나나	香蕉
3	삼계탕	蔘雞湯	10	수박	西瓜
4	라면	泡麵	11	포도	葡萄
5	김치찌개	泡菜鍋	12	귤	橘子
6	치킨	炸雞	13	파인애플	鳳梨
7	닭갈비	辣炒雞排	14	구아바	芭樂

1 (비빔밥)   나는 비빔밥을 좋아해요. 나는 비빔밥이 좋아요.

2 (칼국수) _____

3 (삼계탕) _____

4 (라면) _____

5 (김치찌개) _____

6 (치킨) _____

7 (닭갈비) _____

8 (망고) _____

9 (바나나) _____

10 (수박) _____

11 (포도) _____

12 (귤) _____

13 (파인애플) _____

14 (구아바) _____

대화(對話)

track 5

	한국어		中文
1	민수: 사장님, 여기 메뉴판 주세요.	1	民修: 老闆，請給我菜單。
2	사장: 네, 알겠습니다. 여기 있어요.	2	老闆: 好，知道了。在這裡。
3	민수: 감사합니다.	3	民修: 謝謝。
	이링 씨, 이 음식을 좋아해요?		怡玲，(你)喜歡這道料理嗎?
4	이링: 이 음식은 한국어로 뭐예요?	4	怡玲: 這道料理用韓文怎麼說呢?
5	민수: 이건 한국어로 칼국수예요.	5	民修: 這道用韓文來說是刀削麵。
6	저는 칼국수를 좋아해요.	6	我喜歡刀削麵。
7	칼국수가 아주 맛있어요.	7	刀削麵非常好吃。
8	이링: 아, 그래요?	8	怡玲: 啊，這樣呀?
	그럼, 우리 칼국수를 먹어요.		那麼，我們吃刀削麵(吧)。
9	민수: 사장님,	9	民修: 老闆，
	여기 칼국수 이인분 주세요.		請給我們兩人份的刀削麵。
10	사장: 네, 잠시만 기다리세요.	10	老闆: 好，請稍等一下。

track 5

〈**발음 주의** 發音注意〉

알겠습니다[알겓씀니다]　　있어요[이써요]

국수[국쑤]　　음식은[음시근]

대화 연습(對話練習)

請參考150頁的單字，並試試看在( )中填入食物名稱。：並用◯圈出正確的助詞及(예요/이에요)語尾。

1 민수: 사장님, 여기 메뉴 주세요.	1 민수: 사장님, 여기 메뉴 주세요.
2 사장: 네, 알겠습니다. 여기 있어요.	2 사장: 네, 알겠습니다. 여기 있어요.
3 민수: 감사합니다. 이링 씨, 이 음식을 좋아해요?	3 민수: 감사합니다. 이링 씨, 이 음식을 좋아해요?
4 이링: 이 음식은 한국어로 뭐예요?	4 이링: 이 음식은 한국어로 뭐예요?
5 민수: 이건 한국어로 (칼국수)예요/이에요.	5 민수: 이건 한국어로 ( )예요/이에요.
6 저는 (칼국수)을/를 좋아해요.	6 저는 ( )을/를 좋아해요.
7 (칼국수)이/가 아주 맛있어요.	7 ( )이/가 아주 맛있어요.
8 이링: 아, 그래요? 그럼, 우리 (칼국수)을/를 먹어요.	8 이링: 아, 그래요? 그럼, 우리 ( )을/를 먹어요.
9 민수: 사장님, 여기 (칼국수) 이 인분 주세요.	9 민수: 사장님, 여기 ( ) 이 인분 주세요.
10 사장: 네, 잠시만 기다리세요.	10 사장: 네, 잠시만 기다리세요.

注意分寫法，並抄寫下列句子。

注意! 標點符號不寫在每行的開頭。如果沒有格子時，則寫格子的外面。

	이		음	식	은		한	국	어	로		뭐	예	요	?
	이		음	식	은		한	국	어	로		뭐	예	요?	
	저	는		칼	국	수	를		아	주		좋	아	해	
요	.	칼	국	수	가		아	주		맛	있	어	요	.	
	저	는		칼	국	수	를		아	주		좋	아	해	
요	.	칼	국	수	가		아	주		맛	있	어	요	.	

연습해 보세요(小試身手)

請將空格填滿。答案請直接參考<문법 1>。

1	돈을 주다	돈을 주세요	10	여기에 앉다	
2	학교에 오다		11	문을 닫다	
3	집에 가다		12	책을 읽다	
4	책을 보다		13	사진을 찍다	
5	이 문장을 쓰다		14	영수증을 받다	
6	교실에서 쉬다		15	**밥을 먹다	
7	선생님을 기다리다		16	**물을 마시다	
8	불을 켜다				
9	불을 끄다				

한국에서는 이렇게 해요(在韓國，這樣做。)

在韓國稱呼非常的重要，在叫商店、餐廳或是咖啡廳的員工時，比起「아저씨」、「아줌마」，使用「사장님」來稱呼會更好，有時候也會直接說「여기요」。

제12과 第十二課

주말에 뭐 할 거예요?
(在)週末要做什麼呢?

목표(目標)
1. 미래 –할 거예요 : 未來式 –할 거예요
2. [시간]부터 [시간]까지 : [時間]開始 [時間]為止
3. [사람]와/과 같이 : 和[人]一起

문법(文法) 1 : 미래 표현(未來式)

	받침(終聲) × –ㄹ 거예요			받침(終聲) ○ –을 거예요	
1	가다	갈 거예요	9	먹다	먹을 거예요
2	사다	살 거예요	10	읽다	읽을 거예요
3	만나다	만날 거예요	11	앉다	앉을 거예요
4	보다	볼 거예요	12	닫다	닫을 거예요
5	쉬다	쉴 거예요	13	(옷을) 입다	(옷을) 입을 거예요
6	배우다	배울 거예요	14	(옷을, 신발을) 벗다	(옷을, 신발을) 벗을 거예요
7	공부하다	공부할 거예요	15	(신발을) 신다	(신발을) 신을 거예요
8	숙제하다	숙제할 거예요	16	받다	받을 거예요

1　가: 주말에 뭐 할 거예요?　　　나: (학교, 가다) 주말에 학교에 갈 거예요.

2　가: 주말에 뭐 할 거예요?　　　나: (과일, 사다) _____

3　가: 주말에 뭐 할 거예요?　　　나: (친구, 만나다)_____

4　가: 주말에 뭐 할 거예요?　　　나: (영화, 보다) _____

5　가: 주말에 뭐 할 거예요?　　　나: (쉬다) _____

6　가: 주말에 뭐 할 거예요?　　　나: (요리, 배우다)_____

7　가: 주말에 뭐 할 거예요?　　　나: (한국어, 공부하다) _____

8　가: 주말에 뭐 할 거예요?　　　나: (숙제하다) _____

9　가: 점심에 무엇을 먹을 거예요?　나: (라면, 먹다) _____

10　가: 주말에 뭐 할 거예요?　　　나: (책, 읽다) _____

11　가: 어디에 앉을 거예요?　　　나: (의자, 앉다) _____

12　가: 창문을 닫을 거예요?　　　나: (창문, 닫다) 네, _____

13　가: 내일 무엇을 입을 거예요?　나: (치마, 입다) _____

14　가: 지금 외투를 벗을 거예요?　나: (외투, 벗다) 네, _____
　　(※ 외투 外套)

15　가: 여기에서 신발을 신을 거예요?　나: (신발, 신다) 네, _____

16　가: 언제 월급을 받을 거예요?　나: (월급, 받다) 내일 _____
　　(※ 월급 薪水)

要表示時間的開始和結束時，使用助詞「부터(開始)」和「까지(結束)」。

예(例)　(1) 1시~3시: 한 시부터 세 시까지 1點開始到3點為止

　　　　(2) 수요일~금요일: 수요일부터 금요일까지 星期三開始到星期五為止

　　　　(3) 7월~10월: 칠월부터 시월까지 7月開始到10月為止

단어(單字) - 시간 관련 단어(時間關連語)

언제	오전	오후	며칠	지난 달	이번 달	다음 달	휴가	방학
何時/ 什麼時候	上午	下午	幾天	上個月	這個月	下個月	休假 (職場)	放假 (學校)

연습(練習) 2

注意!　數字請全部用韓文字書寫。不可使用阿拉伯數字。

1 가: 몇 시부터 몇 시까지 일해요?

　 나: (오전 9시–오후 6시) _____

2 가: 몇 시부터 몇 시까지 수업이 있어요?

　 나: (8시–12시) _____

3 가: 며칠부터 며칠까지 휴가예요?

　 나: (5/1–5/11)_____

4 가: 언제부터 언제까지 방학이에요?

　 나: (6/25–8/31) _____

문법(文法) 3 [사람]와/과 같이 和[人]一起

注意! 「같이」的發音為「가치」

받침(終聲) ×		받침(終聲) ○	
민수	民修	이링	怡玲
민수와 이링	民修和怡玲	이링과 민수	怡玲和民修
민수와 같이	和民修一起	이링과 같이	和怡玲一起
누구와 같이 공부해요?	和誰一起讀書呢?	누구와 같이 밥을 먹어요?	和誰一起吃飯呢?
민수와 같이 공부해요.	和民修一起讀書。	이링과 같이 밥을 먹어요.	和怡玲一起吃飯。

연습(練習) 3

1 가: 누구와 같이 학교에 가요?   나: (민수) _____

2 가: 누구와 같이 영화를 봐요?   나: (이링) _____

3 가: 누구와 같이 밥을 먹어요?   나: (조 선생님) _____

4 가: 누구와 같이 여행해요?   나: (부모님)_____

5 가: 누구와 같이 쇼핑해요?   나: (친구) _____

대화(對話)

1	민수: 이링 씨, 언제 방학이에요?	1	民修: 怡玲，(你)什麼時候放假呢?
2	이링: 6월 23일부터 8월 28일까지 방학이에요.	2	怡玲: 6月23號到8月28號放假。
3	민수: 방학에 뭐 할 거예요?	3	民修: (你)放假要做什麼呢?
4	이링: 친구와 같이 한국에 갈 거예요.	4	怡伶: (我)要和朋友一起去韓國。
5	한국에서 한국어를 공부할 거예요.	5	要在韓國讀韓文。
6	민수 씨는 방학에 뭐 할 거예요?	6	民修(你)放假要做什麼呢?
7	민수: 저는 방학에 백화점에서 아르바이트를 할 거예요.	7	民修: 我放假要在百貨公司打工。

〈발음 주의 發音注意〉

할 거예요[할 꺼예요]　　같이[가치]　　방학[방학]

방학에[방하게]　　백화점[배콰점]　　백화점에서[배콰저메서]

將下列單字輪流填入( )中，對話看看。並用⬭圈出正確的助詞。

1 민수: 이링 씨, 언제 방학이에요?	1 민수: 이링 씨, 언제 방학이에요?
2 이링: (6월 23일)부터 (8월 28일)까지 방학이에요.	2 이링: ( )부터 ( )까지 방학이 에요.
3 민수: 방학에 뭐 할 거예요?	3 민수: 방학에 뭐 할 거예요?
4 이링: (친구)와/과 같이 (한국)에 (갈 거예요).	4 이링: ( )와/과 같이 ( )에 ( ).
5 (한국)에서 (한국어)을/를 (공부할 거예요).	5 ( )에서 ( )을/를 ( ).
6 민수 씨는 방학에 뭐 할 거예요?	6 민수 씨는 방학에 뭐 할 거예요?
7 민수: 저는 방학에 (백화점)에서 (일할 거예요).	7 민수: 저는 방학에 ( )에서 ( ).

문장을 쓰세요(寫寫看)

注意分寫法，並抄寫下列句子。

	유	월		이	십	삼		일	부	터		팔	월	
이	십	팔		일	까	지		방	학	이	에	요	.	
	유	월		이	십	삼		일	부	터		팔	월	
이	십	팔		일	까	지		방	학	이	에	요	.	
	친	구	와		같	이		한	국	에		갈		거
예	요	.												
	친	구	와		같	이		한	국	에		갈		거
예	요	.												

116_

연습해 보세요(小試身手)

請填滿下列空格。

	받침(終聲) × −ㄹ 거예요			받침(終聲) ○ −을 거예요	
1	가다	갈 거예요	1	먹다	
2	사다	살 거예요	2	읽다	
3	만나다		3	앉다	
4	보다		4	닫다	
5	쉬다		5	입다	
6	배우다		6	벗다	
7	공부하다		7	신다	
8	숙제하다		8	받다	

한국에서는 이렇게 해요(在韓國，這樣做。)

大學生會在校園內、咖啡廳、便利商店、超市等各種職場工作，最低時新為7,530韓圜。而生活開銷的部分，一個月大約為69萬韓圜左右。其中包含餐費 ＞ 交通費（7萬韓圜） ＞ 通信費（6萬韓圜） ＞ 住宿費（保證金1000萬韓圜、租金50萬韓圜）、宿舍（18～26萬韓圜/月、單人房、無保證金） ＞ 文化生活費。有調查指出，與父母同住的學生與自炊生活的學生之間的平均零用錢沒有明顯的差異。作為參考，生活型態為「與父母同住的大學生」72.2%；「自炊生活的大學生」27.8%。

[출처: 아르바이트 포털 알바몬 조사 내용(2017년 3월 30일 자료) http://m.kr.acrofan.com/article_sub3.php?number=39430&type]

해답

答案

제1과

답안 1-1 (p.13)

2 가: 안녕하세요? 저는 수지예요.

　나: 안녕하세요? 저는 지은이에요.

3 가: 안녕하세요? 저는 우영이에요.

　나: 안녕하세요? 저는 은호예요.

답안 1-2 (p.14)

2 가: 대만 사람이에요?　나: 네, 대만 사람이에요.

3 가: 일본 사람이에요?　나: 네, 일본 사람이에요.

4 가: 미국 사람이에요?　나: 네, 미국 사람이에요.

5 가: 베트남 사람이에요?　나: 네, 베트남 사람이에요.

제2과

답안 2-1 (p.20)

2 가: 뭐예요?　　　　나: 필통이에요.

3 가: 뭐예요?　　　　나: 펜이에요.

4 가: 뭐예요?　　　　나: 휴대폰이에요.

5 가: 뭐예요?　　　　나: 지우개예요.

6 가: 뭐예요?　　　　나: 휴지예요.

7 가: 뭐예요?　　　　나: 가방이에요.

8 가: 뭐예요?　　　　나: 종이예요.

답안 2-2 (p.21)

2 가: 필통 주세요.　나: 네, 여기 있어요.　가: 감사합니다.

3 가: 펜 주세요.　나: 네, 여기 있어요.　가: 감사합니다.

4 가: 휴대폰 주세요.　나: 네, 여기 있어요.　가: 감사합니다.

5 가: 지우개 주세요.　나: 네, 여기 있어요.　가: 감사합니다.

6 가: 휴지 주세요.　나: 네, 여기 있어요.　가: 감사합니다.

7 가: 가방 주세요.　나: 네, 여기 있어요.　가: 감사합니다.

8 가: 종이 주세요.　나: 네, 여기 있어요.　가: 감사합니다.

제3과

답안 3-1 (p.28)

2 가: 펜이에요?

　나: 아니요, 펜이 아니에요. 지우개예요.

3 가: 지갑이에요?

　나: 아니요, 지갑이 아니에요. 필통이에요.

4 가: 필통이에요?

　나: 아니요, 필통이 아니에요. 지갑이에요.

5 가: 우산이에요?

　나: 아니요, 우산이 아니에요. 양산이에요.

6 가: 양산이에요?

　나: 아니요, 양산이 아니에요. 우산이에요.

7 가: 남자 친구예요?

　나: 아니요, 남자 친구가 아니에요. 반 친구예요.

8 가: 반 친구예요?

　나: 아니요, 반 친구가 아니에요. 남자 친구예요.

답안 3-2 (p.29)

2 가: 펜이 있어요?

　나: 아니요, 펜이 없어요.

3 가: 지갑이 있어요?

　나: 네, 지갑이 있어요.

4 가: 필통이 있어요?

　나: 아니요, 필통이 없어요.

5 가: 우산이 있어요?

　나: 네, 우산이 있어요.

6 가: 양산이 있어요?

　나: 아니요, 양산이 없어요.

7 가: 남자 친구/여자친구가 있어요?

　나: 아니요, 남자 친구/여자 친구가 없어요.

8 가: 반 친구가 있어요?

　나: 네, 반 친구가 있어요.

제4과

답안 4-1 (p.35)

2 가: 교실이에요?　　　나: 네, 교실이에요.

3 가: 화장실이에요?　　나: 네, 화장실이에요.

4 가: 백화점이에요?　　나: 네, 백화점이에요.

5 가: 식당이에요?　　　나: 네, 식당이에요.

6 가: 극장이에요?　　　나: 네, 극장이에요.

7 가: 기숙사예요?　　　나: 네, 기숙사예요.

8 가: 커피숍이에요?　　나: 네, 커피숍이에요.

답안 4-2 (p.37)

2 나: 아니요, 교실에 에어컨이 없어요.

3 나: 아니요, 교실에 쓰레기통이 없어요.

4 나: 네, 교실에 책상이 있어요.

5 나: 네, 교실에 의자가 있어요.

6 나: 네, 교실에 칠판이 있어요.

7 나: 네, 교실에 지우개가 있어요.

8 나: 교실에 세계 지도가 있어요.

제5과

답안 5-1 (p.43)

2 가: 어디예요?　　　나: 식당이에요.

3 가: 어디예요?　　　나: 공원이에요.

4 가: 어디예요?　　　나: 도서관이에요.

5 가: 어디예요?　　　나: 가게예요.

6 가: 어디예요?　　　나: 편의점이에요.

7 가: 어디예요?　　　나: 공항이에요.

8 가: 어디예요?　　　나: 주차장이에요.

답안 5-2 (p.45)

2 [1] 가: 식당 옆에 공원이 있어요?

　　나: 네, 식당 옆에 공원이 있어요.

　[2] 가: 공원이 식당 옆에 있어요?

　　나: 네, 공원이 식당 옆에 있어요.

3 [1] 가: 공원 옆에 도서관이 있어요?

　　나: 네, 공원 옆에 도서관이 있어요.

　[2] 가: 도서관이 공원 옆에 있어요?

　　나: 네, 도서관이 공원 옆에 있어요.

4 [1] 가: 도서관 뒤에 가게가 있어요?

　　나: 네, 도서관 뒤에 가게가 있어요.

　[2] 가: 가게가 도서관 뒤에 있어요?

　　나: 네, 가게가 도서관 뒤에 있어요.

5 [1] 가: 가게 뒤에 편의점이 있어요?

　　나: 네, 가게 뒤에 편의점이 있어요.

　[2] 가: 편의점이 가게 뒤에 있어요?

　　나: 네, 편의점이 가게 뒤에 있어요.

6 [1] 가: 편의점 앞에 공항이 있어요?

　　나: 네, 편의점 앞에 공항이 있어요.

[2] 가: 공항이 편의점 앞에 있어요?

　　나: 네, 공항이 편의점 앞에 있어요.

7 [1] 가: 공항 앞에 주차장이 있어요?

　　나: 네, 공항 앞에 주차장이 있어요.

　[2] 가: 주차장이 공항 앞에 있어요?

　　니: 네, 주차장이 공항 앞에 있어요.

8 [1] 가: 주차장 오른쪽에 은행이 있어요?

　　나: 네, 주차장 오른쪽에 은행이 있어요.

　[2] 가: 은행이 주차장 오른쪽에 있어요?

　　나: 네, 은행이 주차장 오른쪽에 있어요.

제6과

답안 6-1 (p.53)

2 (자다) 가: 자요?　　　나: 네, 자요.

3 (사다) 가: 사요?　　　나: 네, 사요

4 (타다) 가: 타요?　　　나: 네, 타요.

5 (만나다) 가: 만나요?　　　나: 네, 만나요.

6 (닫다) 가: 닫아요?　　　나: 네, 닫아요.

7 (앉다) 가: 앉아요?　　　나: 네, 앉아요.

8 (오다) 가: 와요?　　　나: 네, 와요.

9 (보다) 가: 봐요?　　　나: 네, 봐요.

10 (놀다) 가: 놀아요?　　　나: 네, 놀아요.

11 (하다) 가: 해요?　　　나: 네, 해요.

12 (공부하다) 가: 공부해요?　　　나: 네, 공부해요.

13 (숙제하다) 가: 숙제해요?　　　나: 네, 숙제해요.

14 (전화하다) 가: 전화해요?　　　나: 네, 전화해요.

15 (아르바이트하다) 가: 아르바이트해요?

　　　　　　　　나: 네, 아르바이트해요.

16 (이야기하다) 가: 이야기해요? 나: 네, 이야기해요.

17 (샤워하다) 가: 샤워해요?　　　나: 네, 샤워해요.

18 (일하다) 가: 일해요?　　　나: 네, 일해요.

19 (먹다) 가: 먹어요?　　　나: 네, 먹어요.

20 (읽다) 가: 읽어요?　　　나: 네, 읽어요.

21 (열다) 열어요?　　　나: 네, 열어요.

22 (마시다) 마셔요?　　　나: 네, 마셔요.

23 (가르치다) 가: 가르쳐요?　　　나: 네, 가르쳐요.

24 (배우다) 가: 배워요?　　　나: 네, 배워요.

25 (쉬다) 가: 쉬어요?　　　나: 네, 쉬어요.

답안 6-2 (p.55)

2 타다
  (1) 가: 지금 뭐 해요?
    나: (버스) 저는 지금 버스를 타요.
  (2) 가: 지금 무엇을 타요?
    나: (지하철) 저는 지금 지하철을 타요.

3 만나다
  (1) 가: 지금 뭐 해요?
    나: (친구) 저는 지금 친구를 만나요.
  (2) 가: 지금 누구를 만나요?
    나: (동생) 저는 지금 동생을 만나요.

4 닫다
  (1) 가: 지금 뭐 해요?
    나: (문) 저는 지금 문을 닫아요.
  (2) 가: 지금 무엇을 닫아요?
    나: (창문) 저는 지금 창문을 닫아요.

5 공부하다
  (1) 가: 지금 뭐 해요?
    나: 저는 지금 공부해요(=공부를 해요).
  (2) 가: 지금 무엇을 공부해요?
    나: (한국어) 저는 지금 한국어를 공부해요.

6 보다
  (1) 가: 지금 무엇을 해요?
    나: (영화) 저는 지금 영화를 봐요.
  (2) 나: 지금 무엇을 봐요?
    나: (텔레비전) 저는 지금 텔레비전을 봐요.

7 먹다
  (1) 가: 지금 무엇을 해요?
    나: (빵) 저는 지금 빵을 먹어요.
  (2) 가: 지금 무엇을 먹어요?
    나: (피자) 저는 지금 피자를 먹어요.

8 읽다
  (1) 가: 지금 무엇을 해요?
    나: (책) 저는 지금 책을 읽어요.
  (2) 가: 지금 무엇을 읽어요?
    나: (잡지) 저는 지금 잡지를 읽어요.

9 마시다
  (1) 가: 지금 무엇을 해요?
    나: (물) 저는 지금 물을 마셔요.
  (2) 가: 지금 무엇을 마셔요?
    나: (주스) 저는 지금 주스를 마셔요.

10 배우다
  (1) 가: 지금 뭐 해요?
    나: (한국어) 저는 지금 한국어를 배워요.
  (2) 가: 지금 무엇을 배워요?
    나: (한국 노래) 저는 지금 한국 노래를 배워요.

제7과

답안 7-1 (p.61)

2 나: 교실에서 책을 읽어요.
3 가: 집에서 뭐 해요? 나: 집에서 숙제해요(=숙제를 해요).
4 가: 백화점에서 뭐 해요? 나: 백화점에서 옷을 사요.
5 가: 식당에서 뭐 해요? 나: 식당에서 김밥을 먹어요.
6 가: 극장에서 뭐 해요? 나: 극장에서 영화를 봐요.
7 가: 기숙사에서 뭐 해요? 나: 기숙사에서 친구를 만나요.
8 가: 커피숍에서 뭐 해요? 나: 커피숍에서 커피를 마셔요.

답안 7-2 (p.62)

2 나: 교실에 가요.
3 나: 집에 가요
4 가: 어디에 가요? 나: 백화점에 가요.
5 가: 어디에 가요? 나: 식당에 가요.
6 가: 어디에 가요? 나: 극장에 가요.
7 가: 어디에 가요? 나: 기숙사에 가요.
8 가: 어디에 가요? 나: 커피숍에 가요.

답안 7-3 (p.63)

2 나: 아니요, 과일을 안 사요.
3 (만나다) 가: 친구를 만나요? 나: 아니요, 친구를 안 만나요.
4 (보다) 가: 영화를 봐요? 나: 아니요, 영화를 안 봐요.
5 (공부하다) 가: 공부해요? 나: 아니요, 공부 안 해요.
6 (운동하다) 가: 운동해요? 나: 아니요, 운동 안 해요.
7 (읽다) 가: 책을 읽어요? 나: 아니요, 책을 안 읽어요.
8 (마시다) 가: 물을 마셔요? 나: 아니요, 물을 안 마셔요.

답안 8-1 (p.69)

1-(2) 비싸다

 가: 멜론이 비싸요? 나: 네, 멜론이 비싸요.

1-(3) 좋다

 가: 한국어가 좋아요? 나: 네, 한국어가 좋아요.

1-(4) 많다

 가: 돈이 많아요? 나: 네, 돈이 많아요.

2-(2) 깨끗하다

 가: 교실이 깨끗해요? 나: 네, 교실이 깨끗해요.

2-(3) 복잡하다

 가: 서울이 복잡해요? 나: 네, 서울이 복잡해요.

2-(4) 친절하다

 가: 대만 사람이 친절해요? 나: 네, 대만 사람이 친절해요.

3-(2) 맛없다

 가: 빵이 맛없어요?

 나: 네, 빵이 맛없어요.

3-(3) 멋있다

 가: 그 남자가 멋있어요?

 나: 네, 그 남자가 멋있어요.

3-(4) 재미있다

 가: 한국어가 재미있어요?

 나: 네, 한국어가 재미있어요.

3-(5) 재미없다

 가: 영화가 재미없어요?

 나: 네, 영화가 재미없어요.

3-(6) 흐리다

 가: 날씨가 흐려요?

 나: 네, 날씨가 흐려요.

답안 8-2 (p.72)

2 나: 저는 비빔밥을 좋아해요.

3 가: 무슨 음식을 좋아해요?

 나: 저는 삼계탕을 좋아해요.

4 가: 무슨 음식을 좋아해요?

 나: 저는 김치찌개를 좋아해요.

5 나: 저는 사과를 좋아해요.

6 가: 무슨 과일을 좋아해요?

 나: 저는 수박을 좋아해요.

7 가: 무슨 과일을 좋아해요?

 나: 저는 바나나를 좋아해요.

8 가: 무슨 과일을 좋아해요?

 나: 저는 멜론을 좋아해요.

답안 8-3 (p.73)

2 나: 이것은 비빔밥이에요.

3 가: 이것이 뭐예요? 나: 이것은 삼계탕이에요.

4 가: 이것이 뭐예요? 나: 이것은 김치찌개예요.

5 가: 이것이 뭐예요? 나: 이것은 사과예요.

6 가: 이것이 뭐예요? 나: 이것은 수박이에요.

7 가: 이것이 뭐예요? 나: 이것은 바나나예요.

8 가: 이것이 뭐예요? 나: 이것은 멜론이에요.

답안 8-4 (p.74)

2 라면도 먹어요.

3 저것도 주스예요.

4 타이베이도 복잡해요.

5 민수 씨도 만나요.

6 내일도 휴일이에요.

답안 9-1-1 (p.81)

	동사	현재	과거		형용사	현재	과거
1	가다	가요	갔어요	1	싸다	싸요	쌌어요
2	자다	자다	잤어요	2	비싸다	비싸요	비쌌어요
3	사다	사다	샀어요	3	좋다	좋아요	좋았어요
4	타다	타다	탔어요	4	많다	많아요	많았어요
5	만나다	만나다	만났어요	5	맑다	맑아요	맑았어요
6	닫다	닫다	닫았어요	6	중요하다	중요해요	중요했어요
7	앉다	앉다	앉았어요	7	깨끗하다	깨끗해요	깨끗했어요
8	공부하다	공부하다	공부했어요	8	복잡하다	복잡해요	복잡했어요
9	숙제하다	숙제하다	숙제했어요	9	친절하다	친절해요	친절했어요
10	먹다	먹어요	먹었어요	10	맛있다	맛있어요	맛있었어요
11	읽다	읽다	읽었어요	11	맛없다	맛없어요	맛없었어요
12	열다	열다	열었어요	12	멋있다	멋있어요	멋있었어요
13	마시다	마시다	마셨어요	13	재미있다	재미있어요	재미있었어요

| 14 | 배우다 | 배우다 | 배웠어요 | 14 | 재미없다 | 재미없어요 | 재미없었어요 |
| 15 | 쉬다 | 쉬다 | 쉬었어요 | 15 | 흐리다 | 흐려요 | 흐렸어요 |

답안 9-1-2 (p.82)

2 (과일, 사다) 가: 과일을 샀어요?
　나: 네, 과일을 샀어요.

3 (버스, 타다) 가: 버스를 탔어요?
　나: 네, 버스를 탔어요.

4 (친구, 만나다) 가: 친구를 만났어요?
　나: 네, 친구를 만났어요.

5 (숙제, 하다) 가: 숙제를 했어요?
　나: 네, 숙제를 했어요.

6 (빵, 먹다) 가: 빵을 먹었어요?
　나: 네, 빵을 먹었어요.

7 (물, 마시다) 가: 물을 마셨어요?
　나: 네, 물을 마셨어요.

8 (바나나, 싸다) 가: 바나나가 쌌어요?
　나: 네, 바나나가 쌌어요.

9 (한국어, 좋다) 가: 한국어가 좋았어요?
　나: 네, 한국어가 좋았어요.

10 (문법, 중요하다) 가: 문법이 중요했어요?
　나: 네, 문법이 중요했어요.

11 (비빔밥, 맛있다) 가: 비빔밥이 맛있었어요?
　나: 네, 비빔밥이 맛있었어요.

12 (영화, 재미있다) 가: 영화가 재미있었어요?
　나: 네, 영화가 재미있었어요.

답안 9-2 (p.84)

2 밥을 먹고 이를 닦아요.
3 책을 읽고 밥을 먹어요.
4 주스를 마시고 책을 읽어요.
5 한국어를 공부하고 세수해요.
6 이를 닦고 세수해요.
7 춤을 배우고 물을 마셔요.
8 세수하고 춤을 배워요.

답안 9-3 (p.86)

2 가: 몇 시예요?　　　나: 한 시예요.
3 가: 몇 시예요?　　　나: 두 시예요.
4 가: 몇 시예요?　　　나: 세 시예요.
5 가: 몇 시예요?　　　나: 네 시예요.
6 가: 몇 시예요?　　　나: 일곱 시예요.
7 가: 몇 시예요?　　　나: 열한 시예요.
8 가: 몇 시예요?　　　나: 여덟 시예요.

제10과

답안 10-1-1 (p.93)

1 (3/1)　가: 오늘은 며칠이에요?
　　　　나: 오늘은 삼월 일 일이에요.

2 (6/6)　가: 오늘은 며칠이에요?
　　　　나: 오늘은 유월 육 일이에요.

3 (8/15)　가: 오늘은 며칠이에요?
　　　　나: 오늘은 팔월 십오 일이에요.

4 (10/9)　가: 오늘은 며칠이에요?
　　　　나: 오늘은 시월 구 일이에요.

5 (12/25) 가: 오늘은 며칠이에요?
　　　　나: 오늘은 십이월 이십오 일이에요.

답안 10-1-2 (p.93)

1 (월요일) 가: 오늘은 무슨 요일이에요?
　　　　　나: 오늘은 월요일이에요.

2 (화요일) 가: 오늘은 무슨 요일이에요?
　　　　　나: 오늘은 화요일이에요.

3 (수요일) 가: 오늘은 무슨 요일이에요?
　　　　　나: 오늘은 수요일이에요.

4 (목요일) 가: 오늘은 무슨 요일이에요?
　　　　　나: 오늘은 목요일이에요.

5 (금요일) 가: 오늘은 무슨 요일이에요?
　　　　　나: 오늘은 금요일이에요.

6 (토요일) 가: 오늘은 무슨 요일이에요?
　　　　　나: 오늘은 토요일이에요.

7 (일요일) 가: 오늘은 무슨 요일이에요?
　　　　　나: 오늘은 일요일이에요.

답안 10-2 (p.94)

2 나: 아니요, 오늘 친구를 안 만나요.

3 나: 네, 주말에 한국 영화를 봤어요.

4 나: 아니요, 지난 주에 시장에 안 갔어요.

5 나: 네, 월요일에 숙제를 했어요.

6 나: 네, 작년에도 한국어를 공부했어요.

7 나: 주말에는 학교에 안 가요.

8 나: 목요일에도 식당에서 아르바이트해요.

답안 10-3 (p.95)

2 ➡ 한국어는 힘들지만 재미있어요.

3 ➡ 망고가 비싸지만 맛있어요.

4 ➡ 망고가 맛있지만 비싸요.

5 ➡ 서울이 복잡하지만 깨끗해요.

6 ➡ 서울이 깨끗하지만 복잡해요.

제11과

답안 11-1 (p.102)

2 가: 학교에 오세요.

3 가: 집에 가세요.

4 가: 책을 보세요.

5 가: 이 문장을 쓰세요.

6 가: 교실에서 쉬세요.

7 가: 선생님을 기다리세요.

8 가: 불을 켜세요.

9 가: 불을 끄세요.

10 가: 여기에 앉으세요.

11 가: 문을 닫으세요.

12 가: 책을 읽으세요.

13 가: 사진을 찍으세요.

14 가: 영수증을 받으세요.

15 가: 밥을 드세요.

16 가: 물을 드세요.

답안 11-2 (p.103)

2 이건 한국어로 개예요.

3 이건 한국어로 오리예요.

4 이건 한국어로 돼지예요.

5 이건 한국어로 코끼리예요.

6 이건 한국어로 토끼예요.

7 이건 한국어로 닭이에요.

8 이건 한국어로 곰이에요.

답안 11-3 (p.105)

2 나는 칼국수를 좋아해요. 나는 칼국수가 좋아요.

3 나는 삼계탕을 좋아해요. 나는 삼계탕이 좋아요.

4 나는 라면을 좋아해요. 나는 라면이 좋아요.

5 나는 김치찌개를 좋아해요. 나는 김치찌개가 좋아요.

6 나는 치킨을 좋아해요. 나는 치킨이 좋아요.

7 나는 닭갈비를 좋아해요. 나는 닭갈비가 좋아요.

8 나는 망고를 좋아해요. 나는 망고가 좋아요.

9 나는 바나나를 좋아해요. 나는 바나나가 좋아요.

10 나는 수박을 좋아해요. 나는 수박이 좋아요.

11 나는 포도를 좋아해요. 나는 포도가 좋아요.

12 나는 귤을 좋아해요. 나는 귤이 좋아요.

13 나는 파일애플을 좋아해요. 나는 파인애플이 좋아요.

14 나는 구아바를 좋아해요. 나는 구아바가 좋아요.

제12과

답안 12-1 (p.111)

2 나: (과일, 사다) 주말에 과일을 살 거예요.

3 나: (친구, 만나다) 주말에 친구를 만날 거예요.

4 나: (영화, 보다) 주말에 영화를 볼 거예요.

5 나: (쉬다) 주말에 쉴 거예요.

6 나: (요리, 배우다) 주말에 요리를 배울 거예요.

7 나: (한국어, 공부하다) 주말에 한국어를 공부할 거예요.

8 나: (숙제하다) 주말에 숙제할 거예요.

9 나: (라면, 먹다) 점심에 라면을 먹을 거예요.

10 나: (책, 읽다) 주말에 책을 읽을 거예요.

11 나: (의자, 앉다) 의자에 앉을 거예요.

12 나: (창문, 닫다) 네, 창문을 닫을 거예요.

13 나: (치마, 입다) 내일 치마를 입을 거예요.

14 나: (외투, 벗다) 네, 지금 외투를 벗을 거예요.

15 나: (신발, 신다) 네, 여기에서 신발을 신을 거예요.

16 나: (월급, 받다) 내일 월급을 받을 거예요.

답안 12-2 (p.112)

1 나: (오전 9시-오후 6시) 오전 아홉 시부터 오후 여섯 시 까지 일해요.

2 나: (8시-12시) 여덟 시부터 열두 시까지 수업이 있어요.

3 나: (5/1-5/11) 오월 일 일부터 오월 십일 일까지 휴가예요.

4 나: (6/25-8/31) 유월 이십오 일부터 팔월 삼십일 일까지 방학이에요.

답안 12-3 (p.113)

1 나: (민수) 민수와 같이 학교에 가요.

2 나: (이링) 이링과 같이 영화를 봐요.

3 나: (조 선생님) 조 선생님과 같이 밥을 먹어요.

4 나: (부모님) 부모님과 같이 여행해요.

5 나: (친구) 친구와 같이 쇼핑해요.

대화 정리

對話整理

제1과 저는 한국 사람이에요.(我是韓國人。)

1 민수: 안녕하세요? 저는 민수예요.	1 民修: 你好，我是民修。
2 이링: 안녕하세요? 저는 이링이에요.	2 怡玲: 你好，我是怡玲。
3 민수: 반갑습니다.	3 民修: 很高興見到你。
4 이링: 반갑습니다.	4 怡玲: 很高興見到你。
한국 사람이에요?	(你)是韓國人嗎?
5 민수: 네, 한국 사람이에요.	5 民修: 是的，(我)是韓國人。
한국 사람이에요?	(你)是韓國人嗎?
6 이링: 아니요, 대만 사람이에요.	6 怡玲: 不是，(我)是台灣人。

제2과 뭐예요?((這)是什麼?)

1 민수: 뭐예요?	1 民修: (這)是什麼?
2 이링: 지우개예요.	2 怡玲: (這)是橡皮擦。
3 민수: 네?	3 民修: 是(什麼)?
4 이링: 지우개예요.	4 怡玲: 是橡皮擦。
5 민수: 지우개 주세요.	5 民修: 請給我橡皮擦。
6 이링: 네, 여기 있어요.	6 怡玲: 好，在這裡。
7 민수: 감사합니다.	7 民修: 謝謝。

제3과 지우개가 있어요.((我)有橡皮擦。)

1 민수: 지우개예요?	1 民修: (這)是橡皮擦嗎?
2 이링: 아니요, 지우개가 아니에요.	2 怡玲: 不是，(這)不是橡皮擦。
펜이에요.	是筆。
3 민수: 그래요?	3 民修: 是嗎?
그럼, 지우개가 있어요?	那麼，(你)有橡皮擦嗎?
4 이링: 네, 지우개가 있어요.	4 怡玲: 有，(我)有橡皮擦。
5 민수: 그리고 필통이 있어요?	5 民修: 還有，(你)有鉛筆盒嗎?
6 이링: 아니요, 필통이 없어요.	6 怡玲: 沒有，(我)沒有鉛筆盒。

제4과　교실에 선풍기가 있어요.(電風扇(有)在教室。)

1 민수: 교실이에요?	1 民修: (這裡)是教室嗎?
2 이링: 네, 교실이에요.	2 怡玲: 是，(這裡)是教室。
3 민수: 교실에 선풍기가 있어요?	3 民修: 電風扇(有)在教室嗎?
4 이링: 네, 교실에 선풍기가 있어요.	4 怡玲: 有，電風扇(有)在教室。
5 민수: 교실에 쓰레기통이 있어요?	5 民修: 垃圾桶(有)在教室嗎?
6 이링: 아니요, 교실에 쓰레기통이 없어요.	6 怡玲: 沒有，垃圾桶不在教室。

제5과　은행 옆에 식당이 있어요.(餐廳(有)在銀行旁邊。)

1 민수: 어디예요?	1 這裡是哪裡?
2 이링: 은행이에요	2 (這裡)是銀行。
3 민수: 은행 옆에 식당이 있어요?	3 餐廳在銀行旁邊嗎?
4 이링: 네, 은행 옆에 식당이 있어요.	4 是。餐廳在銀行旁邊。
5 민수: 은행 뒤에 공원이 있어요?	5 公園在銀行後面嗎?
6 이링: 아니요, 은행 뒤에 공원이 없어요.	6 不。公園不在銀行後面。

제6과　저는 주스를 사요.(我(要)買果汁。)

1 민수: 이링 씨는 주스를 사요?	1 民修: 怡玲(你要)買果汁嗎?
2 이링: 네, 저는 주스를 사요.	2 怡玲: 要，我(要)買果汁。
3 민수: 지영 씨는 김밥을 먹어요?	3 民修: 智英(要)吃紫菜飯捲嗎?
4 이링: 네, 지영 씨는 김밥을 먹어요.	4 怡玲: 要，智英(要)吃紫菜飯捲。
5 민수: 학생들은 공부해요?	5 民修: 學生們(要)讀書嗎?
6 이링: 네, 학생들은 공부해요.	6 怡玲: 要，學生們(要)讀書。
7　　　민수 씨는 지금 뭐 해요?	7　　　民修你現在(要)做什麼呢?
8 민수: 저는 텔레비전을 봐요.	8 民修: 我(要)看電視。

식당에서 김밥을 안 먹어요.((我)在餐廳不吃紫菜飯捲。)

1 민수: 이링 씨, 공부해요?	1 民修: 怡玲，(你在)讀書嗎?
2 이링: 아니요, 저는 공부 안 해요.	2 怡玲: 沒有，我沒有在讀書。
3　　　김밥을 먹어요.	3　　　我在吃海苔飯捲。
4 민수: 그래요?	4 民修: 這樣啊，
그런데 다니엘 씨는 어디에 있어요?	但是丹尼爾在哪裡呢?
5 이링: 다니엘 씨는 도서관에 있어요.	5 怡玲: 丹尼爾在圖書館。
6　　　다니엘 씨는 도서관에서 공부해요.	6　　　丹尼爾在讀書館裡讀書。
7 민수: 나는 지금 도서관에 가요.	7 民修: 我現在要去圖書館。
8　　　이링 씨, 시간이 있어요?	8　　　怡玲，你有空嗎?
9　　　우리 도서관에 같이 가요.	9　　　我們一起去圖書館。
10 이링: 네, 좋아요.	10 怡玲: 好啊。

떡볶이가 아주 맛있어요.(辣炒年糕非常好吃。)

1 이링: 떡볶이가 맛있어요?	1 怡玲: 辣炒年糕(是)好吃的嗎?
2 민수: 네, 떡볶이가 아주 맛있어요.	2 民修: 是，辣炒年糕(是)非常好吃。
3　　　이링 씨는 무슨 음식을 좋아해요?	3　　　怡玲(你)喜歡什麼食物呢?
4 이링: 저는 김밥을 좋아해요.	4 怡玲: 我喜歡紫菜飯捲。
5　　　그런데 이것이 뭐예요?	5　　　不過，這是什麼呢?
6 민수: 이것은 삼계탕이에요.	6 民修: 這是蔘雞湯。
7 이링: 삼계탕도 맛있어요?	7 怡玲: 蔘雞湯也(是)好吃的嗎?
8 민수: 네, 삼계탕도 아주 맛있어요.	8 民修: 是，蔘雞湯也(是)非常好吃的。

어제 뭐 했어요?((你)昨天做了什麼呢?)

1 민수: 이링 씨, 어제 뭐 했어요?	1 民修: 怡玲，(你)昨天做了什麼呢?
2 이링: 저는 어제 극장에서 영화를 봤어요.	2 怡玲: 我昨天在電影院看了電影。
3 민수: 그리고 무엇을 했어요?	3 民修: 接下來做了什麼呢?
4 이링: 두 시에 극장에서 영화를 보고 다섯 시에 식당에서 냉면을 먹었어요.	4 怡玲: 兩點在電影院看了電影後，五點在餐廳吃了冷麵。
5 민수 씨도 어제 극장에서 영화를 봤어요?	5 民修 (你)昨天也在電影院看了電影嗎?
6 민수: 아니요, 저는 어제 극장에서 영화를 안 봤어요.	6 民修: 沒有，我昨天沒有在電影院
7 집에서 숙제하고 쉬었어요.	7 看電影。在家寫作業後休息了。

오늘은 며칠이에요?(今天是幾號呢?)

1 민수: 이링 씨, 주말 잘 보냈어요?	1 民修: 怡玲，週末過得好嗎?
2 이링: 네, 민수 씨도 주말 잘 보냈어요?	2 怡玲: (過得)好，民修(你)週末也過得好嗎?
3 민수: 네, 잘 보냈어요. 이링 씨는 주말에 뭐 했어요?	3 民修: 好，過得好。怡玲(你)在週末做了什麼呢?
4 이링: 주말에 시험 공부를 하고 저녁을 먹었어요.	4 怡玲: (我)在週末準備了考試後，吃了晚餐。
5 참, 민수 씨는 요즘 춤을 배워요. 맞아요?	5 對了，民修(你)今天要學跳舞，對嗎?
6 민수: 네, 맞아요. 요즘 학원에서 춤을 배워요.	6 民修: 對，沒錯。最近在補習班學跳舞。
7 춤은 재미있지만 힘들어요.	7 雖然舞蹈(是)有趣的，但很辛苦。

제11과 잠시만 기다리세요.(請稍等一下。)

1 민수: 사장님, 여기 메뉴판 주세요.	1 民修: 老闆，請給我菜單。
2 사장: 네, 알겠습니다. 여기 있어요.	2 老闆: 好，知道了。在這裡。
3 민수: 감사합니다.	3 民修: 謝謝。
이링 씨, 이 음식을 좋아해요?	怡玲，(你)喜歡這道料理嗎?
4 이링: 이 음식은 한국어로 뭐예요?	4 怡玲: 這道料理用韓文怎麼說呢?
5 민수: 이건 한국어로 칼국수예요.	5 民修: 這道用韓文來說是刀削麵。
6 　　 저는 칼국수를 좋아해요.	6 　　 我喜歡刀削麵。
7 　　 칼국수가 아주 맛있어요.	7 　　 刀削麵非常好吃。
8 이링: 아, 그래요?	8 怡玲: 啊，這樣呀?
그럼, 우리 칼국수를 먹어요.	那麼，我們吃刀削麵(吧)。
9 민수: 사장님,	9 民修: 老闆，
여기 칼국수 이인분 주세요.	請給我們兩人份的刀削麵。
10 사장: 네, 잠시만 기다리세요.	10 老闆: 好，請稍等一下。

제12과 주말에 뭐 할 거예요?((在)週末要做什麼呢?)

1 민수: 이링 씨, 언제 방학이에요?	1 民修: 怡玲，(你)什麼時候放假呢?
2 이링: 6월 23일부터 8월 28일까지 방학이에요.	2 怡玲: 6月23號到8月28號放假。
3 민수: 방학에 뭐 할 거예요?	3 民修: (你)放假要做什麼呢?
4 이링: 친구와 같이 한국에 갈 거예요.	4 怡伶: (我)要和朋友一起去韓國。
5 　　 한국에서 한국어를 공부할 거예요.	5 　　 要在韓國讀韓文。
6 　　 민수 씨는 방학에 뭐 할 거예요?	6 　　 民修(你)放假要做什麼呢?
7 민수: 저는 방학에 백화점에서 아르바이트를 할 거예요.	7 民修: 我放假要在百貨公司打工。